Bram Breedveld
spits van Oranje

Klapwijk & Keijsers

Bram Breedveld
spits van Oranje

Voor Lennard en Simon

Even
Maar voor altijd bestaan

Voorwoord

Het verhaal van Bram Breedveld heb ik geschreven in de maanden na het overlijden van ons zoontje Lennard. In die dagen was ik herstellende van een rugoperatie en een gevangene van mijn lichaam, dat schreeuwde om beweging.

Afwisselend wandelend, staand, zittend en vooral liggend is Bram Breedveld in mijn leven gekomen en heeft mij letterlijk en figuurlijk overeind geholpen.

Begonnen als afleiding, louter voor mezelf schrijvend, is het verhaal uitgegroeid tot dit boek. Als eerbetoon aan Lennard en aan Simon, waarvan wij een jaar later ook maar zo kort mochten genieten. Om uit een periode vol zorg en verdriet toch ook een positief geluid te laten horen.

Lieve Laura, jij hield me vast toen ik dreigde te vallen. Samen staan we fier overeind.

Ik hoop dat dit boek de aanzet is tot een toekomst waarin de duisternis wordt opgelicht door duizenden lichtpuntjes.

Casper van Koppenhagen

1

Tino Tuhuteru schrok wakker. Hij hoorde het ritselen van kleding, het geluid van een riem. Was er iemand op hun kamer?
"Hé, Bram, wat ben je aan het doen?"
Geen antwoord. Een deur werd dichtgeslagen. Tino deed het licht aan en keek verschrikt de hotelkamer rond. Niemand te zien. Hij stond op en liep naar de badkamer: geen Bram. Hij schoof de gordijnen opzij en inspecteerde het door een flauwe maan verlichte balkon. Niemand. Hij speurde in de duisternis en luisterde aandachtig. In de verte hoorde hij het geruis van de zee, op een steenworpafstand van het hotel waar het Nederlands elftal zijn kamp had opgeslagen. Tino snapte er niets van. Bram was toch niet op stap gegaan? Dat was onder deze trainer niet minder dan een doodzonde.

De tamelijk onervaren trainer John Heitinga had direct na zijn aanstelling aan de selectie duidelijk gemaakt dat hij nachtelijke escapades onder geen beding zou accepteren. Dat dit geen loos dreigement was geweest, had David van Onkelen, rechtsback van Ajax, tijdens de oefenstage tegen Zweden al ondervonden.

Hoe anders was het geweest onder Heitinga's voorganger, Rafaël van der Vaart. Die had de teugels nogal eens laten vieren. Sterker nog, rond interlands was Van der Vaart doodleuk met de jongens mee op stap gegaan. De media hadden er uitgebreid verslag van gedaan. Dat was hem uiteindelijk fataal geworden. De ontluisterende nederlaag in het WK-kwalificatieduel tegen San Marino, in een uitverkochte Kuip, was niet meer dan een logische aanleiding om de bondscoach naar huis te sturen.

Het was niets voor Bram om zomaar op stap te gaan. Bram

9

Breedveld was een van de meest professionele voetballers die Tino kende. Een modelprof.

"Nou ja", mompelde Tino, "hij zal wel weten wat hij doet."

Hoewel? Tino vond Bram vandaag na de training wel wat raar reageren. Terwijl hij gisteren toch zo goed speelde. Tino haalde zijn schouders op en liep naar zijn bed. Hij moest zijn nachtrust pakken. Al snel dommelde hij weg.

Bram haastte zich naar beneden. Zou Tino hem gehoord hebben? Rustig blijven nu, niemand mocht hem zien of horen. Bij daglicht had hij al gekeken welke route hij moest nemen. Op de derde etage nam hij de nooduitgang, sprong op het dak van de keuken en gleed via de regenpijp naar beneden. "*Don't be late*", waren de laatste woorden die hij had verstaan. Het accent had hij niet kunnen plaatsen; hij had het op Spaans gehouden. Bram rende over het hotelterrein naar de weg. Naar links nu, richting het stadje Tarragonna. Bij de wandeling met de selectie hadden ze er gisteren ongeveer een half uur over gedaan. Even een terrasje pikken voor de ontspanning, noemde de trainer dat. Dat vond hij ook zo goed aan deze trainer: inspanning werd altijd gevolgd door ontspanning.

Bram rende in volle vaart de duisternis in. Binnen tien minuten kon hij er zijn, had hij uitgerekend. Achter hem doemden plots koplampen op. De schrik sloeg hem om het hart. Snel dook hij weg achter een dikke olijfboom. Nam de chauffeur gas terug of was het schijn? Bram maakte zich zo klein mogelijk. Wat deed die auto hier? Wat deed híj hier? Vroeger, op de camping, was hij er met Tim ook wel eens 's nachts tussenuit geknepen. Man, wat hadden ze spannende nachten beleefd. Maar dit was een ander verhaal. Met Tim erbij had hij zich een stuk zekerder gevoeld. Tim was altijd zo dapper en onbevreesd.

Een donkergetint busje denderde op één meter van Bram voorbij en verdween in de nacht. Bram herpakte zich en maakte voort. Stipt om drie uur had de man gezegd. Linksaf bij de volgende splitsing en dan nog honderd meter. Hijgend kwam hij bij het bord 'Tarragonna 10 km'. Hier moest hij wachten. Toch?

De adrenaline spoot door zijn lijf. Net als voor belangrijke wedstrijden. Dit keer voelde hij alleen geen spanning en opwinding, maar angst en onzekerheid. Plots hoorde hij een donkere en indringende stem:

"*Señor Breedveld, this way.*"

Brams hart klopte in zijn keel. Voor hij er erg in had, werd hij door vier sterke armen het donkere busje in gesleurd, geblinddoekt en de mond gesnoerd met een stuk tape. Rustig nou, kalm blijven, anders kon er wel eens iets ergs met Simone gebeuren. En dat wilde hij niet. Onder geen beding.

2

Bondscoach Heitinga had de volledige technische staf van het Nederlands elftal bij elkaar geroepen voor een inventarisatieweekend in zijn boerderette in Abcoude. Na de moeizame kwalificatie voor het WK in Spanje, wilde hij de verjonging van zijn selectie nog radicaler doorvoeren. Het waren tenslotte de jonge honden geweest die het karwei hadden geklaard. Als hij doorging met verjongen, moest hij gevoelige beslissingen nemen en Heitinga wist maar al te goed hoe het eraan toeging in de voetbalwereld. Een breed draagvlak, daar ging het om. Vanavond moest hij de volledige steun van de technische staf zien te krijgen. Daarna zou hij samen met pr-adviseur Marc van Hintum een strategie bedenken om de media te bespelen.

Heitinga's vrouw, Charlotte, had zich uitgeleefd in de keuken. Indische gerechten uiteraard, om zijn afkomst niet te verloochenen. De geheelonthouder Heitinga had zowaar een paar mooie flessen wijn ingekocht. Hij wist maar al te goed hoe hij assistenttrainer Mario Been, tweede assistent Jan Wouters en vooral spitsen-trainer en eigenaar van diverse wijnkastelen Dennis Bergkamp in de juiste stemming kon krijgen. Ook keeperstrainer Patrick Lodewijks, defensiespecialist Jaap Stam, middenveldcoördinator Wesley Sneijder en inspanningsfysioloog Arjan de Zeeuw hielden van een slokje.

Acht uur had hij gezegd, en niemand van de staf die het in zijn hoofd haalde om later te komen. Aan te laat komen had Heitinga in de loop van zijn voetbalcarrière en vooral tijdens zijn jaren bij Ajax een bloedhekel gekregen. Bij Bayern München had hij geleerd waar *Pünktlichkeit* goed voor is. Sjoemelen met de afgesproken tijd was een teken van verslapping van de discipline. Wie op tijd is buiten het veld, is ook binnen de lijnen nooit te laat. Laatkomers konden in München meteen hun biezen pakken. Zo straf had hij ook geregeerd tijdens zijn eerste jaren als trainer-coach, een vak dat hij al op 31-jarige leeftijd moest uitoefenen doordat hij door een zware knieblessure niet meer kon voetballen. Hij nam jong Bayern München onder zijn hoede. En niet zonder succes. Na twee kampioenschappen met de beloften, hevelde Bayern-voorzitter Oliver Kahn hem over naar het eerste elftal. Met deze jonge ploeg wist hij in 2018 meteen de Champions League te winnen. Heitinga was een Succescoach.

Iets voor acht uur zat de voltallige technische staf aan de robuuste teakhouten tafel in huize Heitinga. Assistent-trainer Been stak de brand in een lekkere sigaar. Hij genoot zichtbaar. Dit waren de mooie momenten van het vak: met gelijkgestemden praten over voetbal. Nota bene met het WK voor de deur. Klokslag acht uur schoof ook manager, communicatiestrateeg en oud-hockeybonds-coach Marc Lammers aan.

De opschudding die Heitinga verwachtte in de media, door recordinternational Frank van Fierehout, Barcelona-spits Reggie Rodeborst en Milan-vedette Sigourney Sabandji buiten de selectie te houden, wuifde de technische staf weg. Iedereen stond achter het besluit de jonge garde het vertrouwen te geven. Het waren immers deze jonge spelers geweest die Nederland überhaupt in Spanje hadden doen belanden.

3

Coach Heitinga en zijn ploeg hadden het niet cadeau gekregen. Na het tumultueuze ontslag van bondscoach Van der Vaart was de roep om discipline sterker geworden. Na vier schamele puntjes uit vier kwalificatiewedstrijden kon de KNVB niet anders dan *der harte Hund* Heitinga (zoals zijn bijnaam aan het einde van zijn carrière bij Bayern München luidde) aanstellen. Hij gooide het roer met volle overtuiging om en er sneuvelden heel wat gevestigde namen. Heitinga koos voor gemotiveerde spelers en fris elan en dat was op zijn minst gewaagd, omdat Oranje al halverwege de kwalificatie was. Bovendien schroefde hij de discipline op, zonder daarbij het overzicht te verliezen; ook een sportman had vrijheid en gezelligheid nodig om tot prestaties te komen. Tot zijn geluk kon hij in de zomer van 2019 een trainingskamp van tien dagen beleggen, mede op initiatief van zijn aanvoerder, Van Zinnigen, waarmee hij voor een stevig fundament van de ploeg zorgde. De eindspurt werd overtuigend ingezet met een 0-7 revanche op San Marino. Nadien werd nog viermaal gewonnen. Duitsland was oppermachtig en werd eerste in deze poule. Nederland bleef Bulgarije net voor, mede doordat Kasper Kruyswijk in de beslissende tweestrijd met Polen de wedstrijd van zijn leven speelde en de winnende 2-1 en 3-1 op het scorebord bracht. Zo wist Nederland een beslissingswedstrijd tegen Denemarken af te dwingen. Het eerste duel in Kopenhagen was geëindigd in 1-1. Thuis, in een overvolle Kuip, stond het binnen tien minuten 2-0 voor Denemarken, door doelpunten van Chelsea-spits Jorias Tobiasson en Feyenoorder Stefan Nilsson. Nederland stond met de rug tegen de muur. Mede dankzij de passie van nieuwelingen Tuhuteru en

Quansah, en van Kees Keijzer en een ontketende Thijmen Tevreden, die uit een corner de aansluitingstreffer had gemaakt, was het uiteindelijk invaller Bram Breedveld die, nadat hij even tevoren met een intikkertje voor de 2-2 had gezorgd, zeven minuten voor tijd met een snoekduik een sublieme voorzet van zijn boezemvriend Tino Tuhuteru snoeihard tegen de touwen had gewerkt.

Zo kon het gebeuren dat Bram Breedveld op 16 mei 2020 om 10.30 uur met een brede grijns de voordeur van zijn huis dichtdeed. In zijn hand de uitnodiging van Heitinga. Hij, Bram Breedveld uit Arnhem, spits van Feyenoord, ging naar het WK in Spanje! Hij omhelsde Simone, die al even blij was, al besefte ze tegelijkertijd hoe lang ze Bram zou moeten missen. Trainingskamp en toernooi, daarmee was hij al snel zes weken van huis. Een kleine teleurstelling was er ook voor Bram. Hij had Simone ten huwelijk willen vragen tijdens hun geplande vakantie in Kaapstad. Dat moest maar even wachten. Oranje had hem nodig. Aan de ontbijttafel, in zijn ochtendjas, liet hij de selectie nog eens goed op zich inwerken:

Selectie Nederlands elftal		
	Geboren	Club
Doel:		
Thomas Tielanus	1/4/94	Ajax
Sam van Zinnigen	5/15/88	HSV
Verdediging:		
Jasper Jonk	2/23/99	Volendam
Matthijs van Meeuwen	8/13/94	Ajax
Stef Stuyvesand	9/3/90	Feyenoord
Delano Dutselaar	6/12/95	Ajax
Wouter Weegeloo	12/21/90	Tottenham Hotspur
Nordin Naastenbloed	11/27/98	AZ Alkmaar
Gianni Giariva	1/20/97	Juventus
Middenveld:		
Simon Soudijn	8/18/90	AZ Alkmaar
Thijmen Tevreden	7/15/97	Feyenoord
Quincy Quansah	2/14/98	Tottenham Hotspur
Zeeger Seedorf	3/3/01	Real Madrid
Dominique van Dinteren	10/13/89	PSV
Lennard Luijendijk	8/25/91	Ajax
Kasper Kruyswijk	4/17/92	Feyenoord
Aanval:		
Tino Tuhuteru	5/3/94	Barcelona
Bram Breedveld	5/16/94	Feyenoord
Kees Keijzer	7/12/96	Real Madrid
Ernesto Ebonque	9/19/99	Bayern München
Numani N'Kunku	8/15/02	Olympique Marseille

4

Die dag was Bram gaan hardlopen in de duinen bij de Wassenaarse Slag. Hij en Simone waren er een lang weekend tussenuit geknepen, de week daarna moest hij zich melden bij Oranje. Bram voelde zich licht en ontspannen. De weidsheid van de zee bracht hem altijd in balans. En daar was Bram zijn hele leven al naar op zoek. Na een paar kilometer lopen kreeg hij een bericht op zijn polspersonal. Een donkere man met een karakteristieke snor sprak hem toe:

"Mr Breedveld, one message for you. You play bad at the World Cup in Spain and nothing will happen. If you play good, then your lovely girlfriend Simone will be in trouble."

Bram draaide het bericht opnieuw en begon te glimlachen. Ongetwijfeld een flauwe grap van Mariano Bernardini. Hoe vaak die hem al niet in de maling had proberen te nemen sinds hij bij Feyenoord was binnengekomen. En altijd tevergeefs, ook nu weer. Met een brede grijns drukte Bram het bericht weg en vervolgde zijn duurloopje. Heerlijk, nog een paar dagen alleen met Simone.

5

"Eerst achterin. Van Zinnigen. 65 interlands. Sterk teruggekomen van zijn knieblessure en voor iedereen binnen de selectie een aanspreekpunt. Kan een team op sleeptouw nemen, ook buiten het veld. En ik heb gekozen voor Tielanus vanwege zijn lijnwerk. Wat jij, Patrick?"

"Waarom neem je Van Konkerveld niet mee?"

"Een WK is geen speeltuin; ik kies voor zekerheid."

"Daarbij kun je beter dat vrouwtje van Tielanus langs de lijn hebben. Lijkt me ook een voordeel", merkte Been op.

Trainer Heitinga ging verder: "Achterin Dutselaar, voor mij een basisman, technisch misschien beperkt, maar die jongen speelt zijn spits helemaal uit de wedstrijd en offert zich totaal op voor het elftal. Weegeloo hebben we voor de mandekking centraal achter de hand, komt mogelijk handelingssnelheid tekort, maar is het beste alternatief. Rechtsachter en ook centraal te gebruiken: Stuyvesand. Goede techniek, goed inzicht, mooie trap, voldoende snelheid en drang naar voren, voorbeeldige prof. Leuke gozer in de groep ook. Als alternatief Naastenbloed, bijna net zo goed. Op links Giariva, een zekerheidje. Meedogenloos en gedreven. Een tijger op voedseljacht, mijn vaste linksachter."

Instemmende geluiden aan tafel.

"Dan hebben we Jonk en Van Meeuwen nog als multifunctionele verdedigers. Is hun nadeel, maar ons voordeel."

Heitinga nam een slok van zijn spaatje, Been een hijs van zijn sigaar en Bergkamp nipte nog eens aan zijn wijntje.

"Het middenveld begint bij Tevreden. Dynamisch, gedreven, toekomstig aanvoerder, goed overzicht, prima omschakeling, balansbewaker van het elftal. Dan Quansah, onze parel uit Nigeria. Ik moet zeggen dat die jongen me enorm heeft verbaasd sinds hij bij de Spurs is gaan voetballen. Wat een kracht, wat een snelheid en wat een dadendrang. Had ik niet achter hem gezocht, toen hij als een mak lammetje werd afgevoerd door Ajax."

"Ik vind die Quansah niets, John. Slappe mentaliteit, moeilijke jongen", zei Bergkamp.

Heitinga schudde zijn hoofd. "Van de week had ik nog contact met zijn trainer. Scholes is zwaar onder de indruk van hem. Ik denk dat ze hem bij Ajax toch verkeerd hebben ingeschat. Soudijn neem ik mee als stand-in op alle posities. Seedorf kan ook prima op meerdere posities spelen, is misschien nog wat druistig, maar wie weet waar we hem in de voorbereiding naar kunnen laten doorgroeien. Ik bedoel, een basisplek bij Real, acht assists en vier treffers dit seizoen."

Daar had je Been: "Met Zeeger ziet het bovendien zwart van de Spaanse schoonheden naast het trainingsveld."

Heitinga ging onverstoorbaar verder: "Van Dinteren en Kruiswijk op de flanken, twee identieke voetballers. Harde werkers, het hart op de goede plaats en een voortreffelijk inzicht. Goede techniek en een uitstekend schot uit de tweede lijn."

"De fitste van de groep, die Kruiswijk", sprak inspannings-fysioloog De Zeeuw.

"Hooguit een beetje parmantig, hoe zal ik het zeggen...", vervolgde Heitinga.

"Een mietje?" zei Been.

"Nou ja, zoiets, maar hij heeft toch echt karakter getoond, en aan dat loopje kan hij ook niets doen." Hij ging verder. "Keijzer is terug aan de top. Voor mij de man achter de spitsen, al zullen we daar nog een robbertje over moeten vechten."

"Hoezo, áchter de spitsen? Bij Real speelt hij toch altijd in de spits?" vroeg Bergkamp zich af.

"Juist, maar ik vind hem dreigender met meer ruimte voor zich, en hij heeft een geweldige steekbal in huis. Geloof mij, hij wordt een sensatie als hij wil."

"En als hij niet wil?" vroeg Bergkamp.

"Dan heeft ie een probleem, want Tuhuteru en Breedveld zijn mijn spitsen." Heitinga liet even een stilte vallen.

"Pardon, wat doe je dan met Luijendijk en Ebonque?" Bergkamp was licht verbijsterd.

"Die gaan zeker mee. Maar ik ben ervan overtuigd dat we het vooral moeten hebben van een compact en gedisciplineerd elftal. Dan kan ik beter Tino en Bram opstellen. Die lopen de pollen uit het gras. Voor zichzelf, voor elkaar en voor het elftal. Als het niet loopt, kan ik altijd Ernesto erin gooien voor de lange bal van achteruit. Ebonque kan perfect een bal vasthouden waarop de anderen kunnen aansluiten. En dan heb ik Kees Keijzer voor de dribbel, als er minder ruimte is. Kijk, Breedveld draait een geweldig seizoen bij Feyenoord. Ik geef toe dat het een gokje is, maar deze jongen ontwikkelt zich zo spectaculair."

"En Bram kan in ieder geval de stand onthouden, met al zijn diploma's. Zoiets kan ook van pas komen", grapte Been.

"Als laatste wilde ik toch N'Kunku het voordeel van de twijfel geven. Niet in supervorm, veel kleine blessures dit jaar, maar wel een keiharde prof."

"En goed voor de sfeer, Johnny. Weet je nog in Litouwen, vorig jaar, toen hij die London Knights-act ertegenaan gooide?" Aan de manier waarop Lodewijks het zei, wist Heitinga dat het goed zat. Met zijn selectiebeleid en met zijn technische staf.

6

Bram draaide zijn bescheiden Volvo X56, die altijd een tikje detoneerde in het wagenpark van Oranje, het parkeerterrein op van het volledig gerenoveerde Hotel Duinoord in Wassenaar. De vorige avond had hij zijn tas gepakt. Toch een hele onderneming. Ze konden zomaar zes weken van huis blijven, als het goed ging. Boeken, muziek, foto's en een brief van Simone. Daar kon Bram zich altijd op verheugen. Simone kon prachtig schrijven. Bram vermaakte zich wel in zijn eentje, en als hij behoefte had aan gezelschap legde hij een kaartje of speelde op de visiowall met Tino.

Met gemengde gevoelens hadden hij en Simone die ochtend afscheid genomen. Het voelde ambivalent, vooral voor Simone, want wie achterblijft mist altijd meer. Hoewel, Simone ging ook op reis, naar Tibet om precies te zijn, waar zij een seminar spirituele intelligentie ging volgen van twee weken. Daar had ze het hele jaar naar uitgekeken. Bram was wel eens jaloers op Simone, omdat zij zich op dat vlak zo ontwikkelde. Maar met zo'n cursus hoefde je in de voetballerij niet aan te komen. Ze zouden direct een afspraak bij de psychiater voor je maken.

Bram stapte met zijn koffer de ontvangsthal in, waar de technische staf al aan de koffie zat. Het Nederlands elftal voelde altijd een beetje als thuiskomen. De koppen waren herkenbaar en er heerste een goede sfeer. Relaxed en toch gefocust op voetbal en winnen. En Heitinga had hij hoog zitten. Net had hij, in het voorbijgaan en zonder dat de rest het in de gaten had, laten vallen dat hij trots was op Brams ontwikkeling bij Feyenoord. En dat hij daarom goals van hem verwachtte. Bram glom van trots terwijl hij naar zijn kamer wandelde.

De bondscoach had in Wassenaar een stage van acht dagen gepland met wedstrijden tegen Ierland en Kroatië, vóór de reis naar Spanje. Ook de dropping op de voorlaatste avond zou niet ontbreken. Dit was als een geintje begonnen, kort na de aanstelling van Heitinga, maar het was de spelers zo goed bevallen dat ze het bij elk trainingskamp in Wassenaar ingepland wilden zien. Tino en Bram hadden al twee keer gewonnen, dus ook Bram keek er weer naar uit. Ondertussen woedde de concurrentiestrijd om een basisplaats. Bram had goede hoop, maar zeker was hij nog lang niet. Niemand eigenlijk, op aanvoerder en keeper Van Zinnigen na. Heitinga had tijdens de kwalificatie veel gewisseld met de basiself en nieuwe jongens een kans gegeven. Bram dacht dat Heitinga de elf al wel in zijn hoofd had, maar wist dat de trainer bij getoonde supervorm zo kon switchen naar een concurrent. En andersom natuurlijk. Dit gaf alle spelers de prikkel om het beste uit zichzelf te halen.

De wedstrijd tegen Ierland eindigde in een magere 1-1. Bram had het met een korte invalbeurt van tien minuten moeten doen. Tegen Kroatië maakte hij zijn opwachting in de basis. Tino stond naast hem. Het was aan Tino en Bram om zich als duo te bewijzen. Een kwestie van erop of eronder. De wedstrijd liep op rolletjes voor 'Sjors en Sjimmie', zoals ze in de wandelgangen genoemd werden. Oranje won in een uitverkochte Kuip met 3-1. Bram was met een assist en een doelpunt nadrukkelijk aanwezig, terwijl Tino kort voor tijd een prachtige solo bekroonde met een loepzuivere boogbal. De complimenten van de trainers gaven de spelers het gevoel dat de wereld aan hun voeten lag.

Na afloop van de wedstrijd tegen Kroatië liep Bram met zijn grote tas om zijn schouders door de catacomben van 'zijn' stadion de Kuip naar de 'mixed zone'. Bram kreeg er soms de kriebels van. Altijd dezelfde vragen, dezelfde koppen en dat uitlokken van smeuïge teksten. Tenzij je gewonnen had en goed gespeeld had. Maar ook in dat geval was het oppassen geblazen. Daar had je oud-voetballer Kenneth Perez, omgeschoold tot journalist en uitgegroeid tot anchorman van het programma Sport in Beeld van Oerlemans TV. Hij hield zijn microfoon al onder Brams neus: "Nou Bram, basisplaatsje denk ik zo. Een assist en een doelpunt, de trainer kan niet meer om je heen."

Maar Bram was niet te pakken: "Het ging wel lekker. Tuhuteru en ik liggen elkaar goed. Hoewel ik ook met Ebonque of Keijzer uit de voeten kan."

"Niet zo bescheiden, Bram, je speelde geweldig. Jij gaat straks geschiedenis schrijven op het WK."

"We moeten als team presteren. Ik denk dat iedereen beseft dat we een eind kunnen komen, zolang we allemaal hetzelfde doel voor ogen hebben. Als we uit de pas gaan lopen, liggen we er zo weer uit."

"Je zegt 'een eind', waar denk je dan aan: halve finale, finale?"

"Nogmaals, ik denk helemaal nergens aan. Ik bekijk het wedstrijd voor wedstrijd. Eerst Paraguay. Dat wordt pittig genoeg, al doen de media iedereen graag geloven dat we daar wel even overheen walsen. Nou, Paraguay speelde in de voorronde heel toevallig wel gelijk tegen Argentinië en Brazilië, en in de voorbereiding tegen Engeland werd het ook 0-0. Bovendien is het heel lang geleden dat we een groot toernooi hebben gespeeld. Laten we bescheiden blijven."

"Maar met bescheidenheid word je toch nooit kampioen?"

"Dat ligt eraan. Bescheiden hoeft niet te betekenen dat je je eigen kracht niet kent. Sterker, ik denk dat we die heel goed kennen en dat maakt ons juist sterk. En dus kansrijk. Want wie zijn sterke en zwakke kanten goed kent, komt niet voor verrassingen te staan en maakt een kans het beste uit zichzelf naar boven te halen. En dat hebben we hard nodig in Spanje."

"Maar die poule moet toch geen probleem zijn? Jullie spelen van-avond Kroatië zoek."

"Nogmaals, die groepswedstrijden worden heel lastig als we zo denken. En daarbij vond ik niet dat we Kroatië zoek speelden, zoals jij zegt. We hebben het zelfs een half uur heel moeilijk gehad. Ik herinner me een paar goede kansen voor die gasten. Maar het geeft wel vertrouwen dat we zo'n fase goed doorkomen. Dat de verdediging zich herpakt en wij voorin weer ruimte kunnen creëren."

"Okay Bram, dankjewel, veel succes, en euh, schiet er straks een paar in."

Na ruim een week hard werken aan conditie en teambelang reisde het Nederlands elftal af vanaf vliegveld Rotterdam. De selectie werd uitgezwaaid door een enorme menigte fans, die hunkerden naar Oranjesucces. Bram stapte in het vliegtuig, keek over zijn schouder naar de massa, wuifde enthousiast terug en realiseerde zich ineens waar hij mee bezig was: zijn jongensdroom waarmaken. Eindelijk kon hij de belofte aan zijn tweelingbroer inlossen.

"Tim, daar gaan we jongen, daar gaan we."

7

Zondag 12 januari 2005. De tweelingbroers Bram en Tim waren om zes uur 's ochtends klaarwakker en keken door het raam van hun zolderkamer. De vijver in de achtertuin was al een paar dagen bevroren. Ze zagen de reiger, die ieder jaar hun vijvertje kwam leegroven. Zijn ene poot op het ijs. Tim begon zich als een bezetene aan te kleden, terwijl Bram dromerig naar buiten bleef staren.

De broertjes waren heel verschillend. Of beter, absolute tegen-polen. Waar Bram rustig alles op zich af liet komen, snelde Tim vooruit, zijn impulsen achterna. Slim en gewiekst, dat zeker, maar een type dat in zeven sloten tegelijk liep. Bram voelde al heel vroeg de verantwoordelijkheid van de oudere en wijzere broer, ter-wijl hij in werkelijkheid een half uurtje later was geboren. Al in de box was het Tim geweest die de boel afbrak, het eerste ging klau-teren en als eerste liep. Hoe vaak waren hun ouders niet naar de Eerste Hulp gesjeesd als hij weer eens uit een boom was gevallen of een bloedende hoofdwond had opgelopen op het pleintje. Want daar voetbalden ze, iedere dag. Bram, de technische afmaker en Tim de turbodiesel op het middenveld, gezegend met een venijnig afstandschot. Sinds ze vier jaar geleden bij de F-jes van SML waren begonnen, hadden ze al snel furore gemaakt in Arnhem en omstreken. Het was ook een mooi gezicht, twee van die krullen-bollen die elkaar voortdurend de bal toespeelden, zonder dat er een tegenstander aan te pas kwam. Het duurde niet lang voor de eerste scouts van de betaalde voetbalverenigingen langs de lijn stonden. Zo gebeurde het dat Bram een half jaar geleden op zijn tiende ver-jaardag een uitnodiging van De Graafschap kreeg voor een proeftraining. Maar bij de post zat geen uitnodiging voor Tim. En dat was onmogelijk in de belevingswereld van de tweeling. Natuurlijk weigerde Bram. Dan maar niet naar De Graafschap. Tim en Bram zwoeren elkaar op dat moment dat ze of sámen profvoetballer werden, of helemaal niet.

Bram werd zoals gebruikelijk aangestoken door het enthousiasme van zijn broer en begon zich ook aan te kleden. Stilletjes slopen ze via de achterdeur naar buiten, hun schaatsen onder de arm. Tim en Bram renden de bult af naar het Sonsbeekpark, op twee minuten lopen van het ouderlijke huis. De hemel kleurde voorzichtig roodoranje. Tim holde naar het bankje aan de rand van de vijver en begon meteen zijn schaatsen onder te binden. Bram liep eerst naar het ijs en stampte een paar keer op de heldere ijsvloer. Onder zijn voeten kraakte het en een dunne breuklijn sneed dwars over de spiegelvlakte. Hij aarzelde. Tim gooide een grote tak op het ijs. Die bleef netjes liggen. Bram twijfelde nog steeds, maar besloot toen ook zijn schaatsen onder te binden. Tim kon niet wachten en kluunde alvast naar de waterkant.

Even later deden ze, geheel in de stijl van hun tv-helden Jan Bos (Bram) en Erben Wennemars (Tim), pootje-over op de vijver van Sonsbeek. Het ijs leek sterk genoeg, hoewel Bram het regelmatig hoorde kraken en zingen. Dit zingen vond Bram het allermooiste van schaatsen op natuurijs. 'Gfoesch, gfoesch, gfoesch', ze probeerden in een zelfde cadans te komen.

Na een paar rondjes schaatste Bram terug naar de kant om zijn veters iets losser te doen. Plotseling ging een felle kreet door het park. Bram keek op en zag nog net het hoofd van Tim onder het ijs wegschieten. Bram rukte zijn schaatsen uit en rende en gleed over het ijs. In de buurt van het wak was de rode jas van Tim niet meer te zien. Als een dolleman begon Bram heen en weer te lopen. Ineens zag hij een rode vlek, net onder het ijs. Bram schreeuwde het uit, maar de vlek bewoog niet. Hij begon het ijs kapot te trappen. Het kraakte om hem heen en voor hij iets kon uitrichten, lag hij zelf in het water. Adembenemend koud was het en even dacht hij het bewustzijn te verliezen. Net toen hij zijn ogen voelde wegdraaien, stootte hij tegen iets hards. Bram greep de doorweekte jas van Tim vast en rukte hem naar boven. Hij schudde zijn broer heen en weer, maar die reageerde niet. In blinde paniek keek Bram om zich heen. De steiger, een paar meter van hem vandaan, daar moest hij zijn. Bram voelde de kracht uit zijn armen verdwijnen door de allesverslindende en verstijvende kou, maar gaf niet op. Zijn broer moest op de kant.

"Geef me je hand, snel."

Bram keek recht in het gezicht van een trimmer die op het lawaai was afgerend tijdens zijn zondagochtendloopje. Ineens voelde Bram nog een hand. Hij werd op de kant getrokken.

"Tim, jullie moeten Tim redden."

Het eerste wat Bram zich kon herinneren, was het bezorgde gezicht van zijn negen jaar oudere broer Marnix, die hem beetgreep toen hij zijn ogen opende. Marnix rende meteen weg en kwam terug met zijn moeder. Die stortte zich op het voeteneinde en verviel in een onbedaarlijke huilbui. Bram had geen idee waar hij was en waarom iedereen zo bezorgd was. En wat deden al die slangen in zijn lijf?

Zijn vader kwam binnengestormd en drukte Bram stevig tegen zich aan.

"Jongen toch", was het enige wat hij kon uitbrengen. Bram greep zijn vader vast en voelde het verdriet in diens spieren, in zijn hele lijf. Dit kende hij niet van hem. Vaag hoorde hij zijn ouders iets mompelen over reanimatie, onderkoeling en coma.

's Middags brachten ze Bram naar huis. Zijn moeder legde hem in bed en stopte hem lekker in. Dat had ze in geen tijden meer gedaan. Daar waren de jongens ook al veel te groot voor. Maar op dit moment wilde Bram de kracht en warmte van zijn moeder voelen. Zo bang was hij. Bang voor alles wat komen ging. Hier eenzaam op zijn kamertje, naast het lege bed van Tim.

Vader en moeder Breedveld klampten zich aan elkaar vast in de benauwde spreekkamer. De intensivist schraapte zijn keel. Hij probeerde zo rustig mogelijk te praten en keek hen vriendelijk in de ogen. Maar zijn verslag werd er niet minder ernstig van. Het kwam erop neer dat de reanimatie te laat was gekomen. Aan de mond-op-mondbeademing van de twee trimmers had het niet gelegen en evenmin aan de broeders van de ambulance. Door de zware onderkoeling was de bloedsomloop te laat op gang gekomen. Tim had wel weer een hartritme gekregen. Maar na de hersenscan werd pas duidelijk hoe groot de schade was. De arts liet een stilte vallen. Daarna vertelde hij dat hun zoon nooit meer zou kunnen lopen, praten of zien en waarschijnlijk geestelijk zwaar gehandicapt zou zijn.

"Bedoelt u, bedoelt u dat hij een debieltje wordt?" stamelde moeder.

"Als hij wakker wordt, is dat zeer waarschijnlijk. Nu lijkt hij lekker te slapen, maar we hebben ook al gezien dat hij nauwelijks meer activiteit heeft in zijn hersenen en heeft hij die wel, dan ontwikkelt hij epilepsie, stuiptrekkingen. Maar om u de waarheid te zeggen, betwijfel ik of hij nog wel wakker wordt. Zeg nooit nooit, maar ik vrees het ergste. Je zou kunnen zeggen dat hij hersendood is. Wij kunnen hem nog weken in leven houden met onze machines, maar u moet goed overdenken of dat…"

De familie Breedveld stond naast het bed van Tim. Daar lag hun zoontje, hun broertje, in diepe slaap. Zijn mooie blonde krullen, zijn perzikenhuidje. Onbedorven. Een heel leven voor zich. Op school, op voetbal, vriendjes, vriendinnetjes. Gisteren nog springlevend en nu klinisch dood verklaard. Hersendood. Bram begreep niet wat het precies betekende. Hier lag zijn tweelingbroer, waar hij al tien jaar mee samen was.

"Laat hem maar slapen, mam", hun zus Karlijn zei het in alle rust.

"Tim zal voor altijd in ons hart zitten, er zal geen dag voorbijgaan dat we niet aan hem denken. En ik hoop oprecht dat we door aan hem te denken, de kracht zullen vinden om verder te gaan. Om straks het leven weer op te pikken, weer aan te klampen. Laat de kracht van Tim bij ons binnenkomen en niets en niemand zal ons meer uit elkaar krijgen", sprak vader Breedveld.

De dood was eigenlijk heel normaal, hadden zijn ouders altijd gezegd. Opa De la Crosse, de vader van zijn moeder, Snuf, hun konijn of de goudvissen; ze waren allemaal dood. Het hoorde bij het leven. Maar dat zijn eigen Tim er niet meer was, daar begreep Bram helemaal niets van. Het zou lang duren voor hij het allemaal een plekje kon geven, zoals die mevrouw telkens vertelde wanneer ze op bezoek kwam. Wat nou plekje geven? Waar had ze het over? Een lege plek, dat was het. Tim was er niet meer en zou nooit meer terugkomen. En dat was waardeloos. Nooit meer samen voetballen. Bram voelde zich alleen. Ondanks zijn familie die zo hecht was, voelde hij zich alleen.

Twee dagen later stierf Tim Breedveld aan onherstelbaar hersenletsel. De heldendaad van zijn broer Bram was voor niets geweest. En dat had hem ongelooflijk gefrustreerd. Diep van binnen voelde hij zich schuldig en het was exact dat schuldgevoel dat hem jaren later parten zou spelen.

8

Het complex lag in de heuvelachtige omgeving van Tarragonna, vlak bij een schitterende golfcourse. Vanuit het hotel hadden de spelers een prachtig uitzicht over de Middellandse Zee. Het voltallige hotelpersoneel stond in vol ornaat opgesteld toen de bus met Oranjespelers het terrein opdraaide. Bij het uitdelen van de kamersleutels ontstond enige consternatie over de kamerindeling. Heitinga had een aantal vaste maatjes uit elkaar gehaald om de verfrissing van zijn selectie volledig door te voeren. Bram was gelukkig wel ingedeeld bij zijn grote vriend Tino.

Bram liep door de hotelkamer, ging op het balkon zitten en genoot van het uitzicht. "Bram", zei Tino, die erbij kwam, "hier zitten we dan, aan de vooravond van wat het hoogtepunt van ons voetballeven moet worden. Het WK Voetbal. Hier hebben we al die jaren voor getraind en geknokt. Alles voor opgeofferd. Dit is waar we van gedroomd hebben. En nu, nu gaan we het beleven, jongen."

Tino kon het altijd mooi zeggen. Sentimenteel, zeker, maar wel recht uit het hart. Tino had gelijk ook, je mocht best eens stilstaan bij het flitsende voetballeven, waar hoogte- en dieptepunten elkaar in rap tempo opvolgen. En stilstaan bij de dingen had Bram al vroeg in zijn leven geleerd. Door schade en schande.

9

Een vreemde eend in de bijt. Dat was hij eigenlijk zijn hele voetballeven geweest. Studentenpikkie, professortje, kakkertje. Dat waren zo de uitingen van medespelers en tegenstanders geweest in zijn richting. Maar nooit met minachting uitgesproken, altijd met respect. Als al zijn vriendjes op dinsdag- en donderdag-avond steevast de hockeystick uit de kast haalden, pakte Bram zijn net gepoetste Copa Mundials uit de bijkeuken. Op het gymnasium werd hij vaak gepest door zijn klas- en buurtgenoten, die hem voor boer en proleet versleten, maar ondertussen wel het hardst juichten bij doelpunten van het Nederlands elftal. Hoe vaak was hij niet onderwerp van gesprek geweest in zijn vriendengroep.

"Kom nou toch hockeyen. Al is het maar voor de feesten." Daar hadden ze een punt, want op die hockeyfeestjes liepen genoeg leuke meisjes rond. Maar hij kon toch ook gewoon als voetballer naar die feesten?

Hij had het wel geprobeerd, dat hockeyen. Na de dood van Tim had Bram een jaar lang zijn voetbalschoenen niet aangeraakt. Van voetbal werd hij alleen maar boos en verdrietig. Om Bram toch aan het sporten te houden, had zijn vader hem naar hockeyclub Upward gebracht. Daar zagen ze hem maar wat graag komen. Hij had talent. Al na een paar wedstrijden scoorde hij aan de lopende band. Het probleem was alleen dat Bram er zelf niets aan vond, met een stick in zijn handen en dat rottige kleine balletje. Na het WK Voetbal in Duitsland in 2006, had het voetbalvirus hem weer te pakken gekregen. Zeker nadat zijn vader hem had meegenomen naar de tweede poulewedstrijd van het Nederlands elftal, tegen Ivoorkust. Wat een giganten waren dat geweest, die Afrikaanse jongens. Die namen klonken als een klok: Emmanuel Eboué, Didier Drogba, Kolo Touré, Gilles Yapi Yapo, Arouna Koné, de broers Bonaventure en Salomon Kalou.

Toen Bram weer op voetbalveld verscheen, haalde hij bij lange na niet het niveau van voor de dood van Tim, toen hij dertig doelpunten per seizoen maakte. Niemand kon hem zo goed aanspelen als zijn eigen broer en Bram leerde dat je als spits toch wel erg afhankelijk bent van je medespelers. Hij begreep steeds beter dat voetbal vooral een teamsport is en je je teamgenoten en het hele team beter moet maken om zelf beter te gaan voetballen. Dat had hij ook gelezen in het trainersboek van Marco van Basten.

De twijfels sloegen wel eens toe, vooral als er weer eens sprake was geweest van een uit de hand gelopen wedstrijd met vechtpartijen tussen spelers onderling of met het publiek. Maar, het was zoals zijn vader zei: "Alsof hockey zo leuk is. Jongen, hockeyers lopen af te geven op voetbal, maar let op, na afloop van een hockeywedstrijd gaan de gesprekken binnen vijf minuten over vrouwen en voetbal. Gewoon, omdat er over hockey niet zo veel te zeggen valt."

Toch had Bram altijd het gevoel dat hij vooroordelen moest wegnemen. Misschien had het daarom wel zolang geduurd voor hij werd ontdekt door het betaalde voetbal. Hij werd dan wel geselecteerd voor het regionale jeugdplan en pakte tot twee keer toe de topscorerbokaal in de hoogste jeugdklasse, maar na die ene uitnodiging van De Graafschap had hij nooit meer iets gehoord van de profclubs uit de regio. Dat gebeurde pas toen hij het al uit zijn hoofd had gezet en zich volledig op het studentenleven had gestort. Bij de plaatselijke studentenclub had hij een half seizoen nodig om de interesse van FC Utrecht te wekken. De technische staf van de FC nodigde hem uit voor een oefenwedstrijd. Liefst vier oefenwedstrijden hadden ze nodig, terwijl hij er in de eerste twee al vijf ingekegeld had. Kijk, Bram Breedveld was een spits waar je van moest houden. Geen sierlijke speler, zoals zijn grote voorbeelden Marco van Basten en Dennis Bergkamp. Wel fysiek sterk, razendsnel op de eerste meters, kopsterk en met een prima schot in beide benen. Een complete spits, omdat hij ook nog eens in staat was een mannetje uit te spelen, meestal op snelheid, maar ook vanuit stand.

Tijdens een wedstrijd was hij niet altijd volledig aanwezig, zo leek het, maar in 'de 16' altijd dodelijk als een luipaard. Zijn trainers vergeleken hem vaak met Roy Makaay of Samuel Eto'o, de doelpuntenfenomenen van begin deze eeuw. Op de juiste plaats op het juiste moment met een verwoestende uithaal of vernietigende kopstoot.

Omdat hij begon met een halfbakken contractje, besloot hij zijn studie medicijnen voort te zetten. Dat dit in beide richtingen tot gefronste wenkbrauwen leidde, nam hij op de koop toe. Hij was er aan gewend geraakt zijn eigen plan te trekken. Ook zijn ouders hadden het hem min of meer afgeraden, maar gaven hem uiteindelijk onvoorwaardelijke steun. Zijn eigen broer, Marnix, oud-hockeyinternational en intussen uitgedijd tot boven de honderd kilo, beschimpte hem aanvankelijk, maar schafte later met zijn advocatenkantoor wel een seizoenskaart bij FC Utrecht aan.

Bram scheelde zeven jaar met zijn zus Karlijn en negen met Marnix. Bram en Tim waren nakomertjes. Een dubbele verrassing. Brams vader Albert was directeur van een opleidingsinstituut in de gezondheidszorg en zijn vrouw Mirjam was na de zorg voor haar kinderen een eigen, inmiddels florerend bedrijfje gestart als organisatiedeskundige.

Zijn zus Karlijn leek nog het meest op zijn vader. Rustig, op het timide af. Ze was alleen wel allergisch voor sport. Na de kunstacademie was ze atelierhoudster geworden. Althans, zo noemde Bram het maar, want helemaal begrijpen deed hij het kunstleven en het leven van Karlijn niet. Bram had veel respect voor zijn zus, vooral vanwege haar creativiteit. Kunst en voetbal lagen ver uit elkaar, toch waren er wel degelijk overeenkomsten. Allebei artiest met een kritisch publiek. Al floot het publiek van Karlijn nooit de vingers stuk bij een mislukt schilderij.

10

Aanvankelijk werd hij wat schamper bekeken door zijn mede-spelers bij FC Utrecht. Welke voetballer sprak algemeen beschaafd Nederlands, altijd keurig met twee woorden, kwam op zijn gam-mele fietsje naar de training, woonde op een kamertje van drie bij vier in een studentenhuis, waste zijn eigen kleren, maakte zijn eigen eten klaar en had nog geen vaste relatie op zijn 21ste? Wat was dat voor rare gozer?

Nooit zou hij de eerste training vergeten. Maandag 12 januari 2015, 10.30 uur. Trainer Jean Paul de Jong had Bram geïntrodu-ceerd bij de spelers, samen met de nieuwe steraankoop Emanuel Tartin, een dartele linkshalf, in de winterstop overgekomen van het Franse RC Strasbourg. Bram was best zenuwachtig geweest, maar zijn zenuwen direct kwijtgeraakt toen hij zijn eerste pass op Tartin gaf. Want ook bij FC Utrecht was een bal een bal en een veld een veld.

De training bestond uit een uitgebreide warming-up, veel pas-sen, afronden op doel en een partij van het eerste elftal tegen het tweede. Bram was ingedeeld bij het tweede. Na drie minuten werd hij aangespeeld met centrumverdediger Johan de Knijper in zijn rug. De Knijper was al vijf jaar aanvoerder van de FC en het boeg-beeld van de vereniging. Een robuuste centrumverdediger, meedo-genloos in de duels. Voor hem was een verloren duel een smet op de dag. Ook op de training. Bram probeerde weg te draaien, maar voor hij het wist lag hij ondersteboven, geschept door De Knijper. Hij voelde het direct kloppen in zijn rechterenkel.

"Doorspelen!" galmde de trainer.

"Gaoh jij maor wer met je neus in de boeken, jochie", siste de

erwijl hij langs een verbouwereerde en kreunende Bram

van de andere spelers reageerde. Ook niet na de training.
nkend liep hij na afloop naar zijn fiets. Zijn banden waren leeg-
gelopen, zijn wielen losgekoppeld. Op het zadel lag een briefje:
Fietshandel Wim Kok, voor al uw fietsreparaties.
Voetbalhumor zeker.

Dat was Bram Breedvelds ontmaagding in het profvoetbal.
Maar hij liet zich niet gemakkelijk van de wijs brengen. De volgende training pakte hij zijn blauwe enkel stevig in en trok zijn
scheenbeschermers aan, wat geen gewoonte was voor een training.
In het partijtje werd hij opnieuw gekoppeld aan De Knijper. Toen
de captain de bal aannam van de keeper, met een fijne pass over
veertig meter in gedachten, kwam Bram plotseling ingegleden. De
Knijper vloog met bal en al over de zijlijn! De overige selectiespe-
lers hielden hun adem in. De laatste keer dat iemand De Knijper op
de training had gedold, konden zij zich nog goed herinneren. De
Ghanees Amowi, op proefstage, had, onbekend met de reïncarna-
tie van Rinus Israël, De Knijper tot tweemaal toe door de benen
gespeeld. De ambulance was er binnen tien minuten en van Amowi
werd nooit meer iets vernomen. Maar dit keer gebeurde er niets.
De Knijper krabbelde overeind, vertrok geen spier en nam stoïcijns de ingooi. Verbouwereerd gingen de overige spelers door met
het partijtje. Bij het volgende balcontact van Bram, zocht hij De
Knijper bewust op. Hij daagde hem uit, speelde de bal links van de
Knijper, draaide rechts om hem heen om de bal vervolgens met
een droge knal achter reservedoelman Vink te jagen. Bram hield
zich in. Wilde niet juichen, niet lachen of dollen, maar attent zijn.
Hij verwachtte dat De Knijper hem een schop zou willen verkopen. Maar die schop bleef uit. Op weg naar de kleedkamer lispelde
De Knijper: "Klasse jongen."

Zo had De Knijper als eerste van de selectie in de gaten wat
voor klasbak Utrecht in huis had gehaald. De status van Bram binnen de selectie nam door dit incident in tienvoud toe, wat ook trainer De Jong met een tevreden glimlach constateerde.

Het duurde niet lang eer Bram een kans kreeg in het eerste
elftal. Toen vaste spits Mickey de Geus op 21 februari 2015 gebles-

seerd raakte in het duel met Feyenoord en zijn concurrent Freddy Santos geschorst op de tribune zat, kon De Jong niet langer om hem heen. Met nog vijftien minuten op de klok boog Bram Breedveld door twee loepzuivere schuivers, de ene met links de ander met rechts, in hoogsteigen persoon een 0-1 achterstand om in een 2-1 overwinning. Heel Utrecht stond op zijn kop en zijn naam was voorgoed gevestigd.

In drie jaar semi-profvoetbal bij Utrecht had Bram zijn doctoraal medicijnen weten te halen. Een hoogvlieger was hij niet, daarvoor had hij gewoonweg te weinig tijd. Tweemaal per dag trainen en studeren, daarnaast iets van het studentenleven meepakken en voor je eigen hachje zorgen, het was geen sinecure. Maar zolang hij de energie kon opbrengen, wilde hij de combinatie blijven volhouden. Toen zijn overgang naar Feyenoord definitief was, besloot hij een tijdelijke stop te maken in zijn artsencarrière. Voetballen bij Feyenoord kwam zo dicht bij zijn jongensdroom, deze kans kon hij niet voorbij laten gaan. Zijn decaan Peters, hoogleraar inwendige geneeskunde, had hem hoofdschuddend aangekeken. "Profvoetballer, jongen, hoe haal je het in je hoofd? Je kunt de maatschappij dienen in plaats van profiteren van een periodieke waan die de samenleving heeft getroffen door de absurde overwaardering van een volksvertier als het voetbal", waren zijn woorden geweest.

Gelukkig was oom Pim de la Crosse, de broer van zijn moeder, meteen razend enthousiast: "Jongen, als je deze kans niet grijpt, breek ik allebei je benen. Ik zal ze daarna weer netjes voor je opereren, daar niet van, maar ik breek ze eerst!"

11

Het WK Voetbal 2020 in Spanje stond op het punt te beginnen. In de openingswedstrijd trof gastland Spanje het licht favoriete Duitsland, halve finalist in 2016 en regerend Europees Kampioen van 2018. De wedstrijd werd live uitgezonden in 216 landen en zou worden gadegeslagen door ruim drie miljard mensen. De hele wereld keek reikhalzend uit naar de start van het toernooi dat door de FIFA op voorhand was uitgeroepen tot 'Toernooi van de Schoonheid.'

Trainer Heitinga was vastberaden meer van dit WK te maken dan hij ooit als speler tijdens een eindronde had bereikt. De schoonheid van het spel droeg hij hoog in het vaandel, maar hij wist ook dat alleen het resultaat telt. In 2006 was Nederland tijdens het WK kansloos in de poulewedstrijden uitgeschakeld en had rechtervleugelverdediger Heitinga de laatste wedstrijd moeten missen wegens een ongelukkige teenblessure. Engeland had het toernooi verrassend gewonnen door in de finale gastland Duitsland opzij te zetten dankzij een prachtig doelpunt van de net op tijd van een voetbreuk herstelde supersup Wayne Rooney. De basis voor de wereldtitel lag in een hechte Engelse verdediging onder aanvoering van John Terry en Rio Ferdinand, een wervelend middenveld met Beckham, Lampard, Gerrard en Scholes, en een ongrijpbare Wayne Rooney in de spits. *Football came finally home*. Na veertig jaar.

In 2010 in Egypte was John Heitinga aanvoerder van nagenoeg hetzelfde elftal dat tijdens de EK in 2008 nog zo'n indruk had gemaakt onder bondscoach Martin Jol. Op dit toernooi had het Nederlands elftal frivool en aanvallend gespeeld, met sterren als

Robben, Van Persie, Aissati, Affelay, Sneijder, Bouhlarouz, Schaars, Maduro, Anita en Heitinga, maar had in Frankrijk in de finale een onneembare vesting gevonden. Na een soevereine kwalificatiereeks was Oranje als favoriet afgereisd naar Egypte, maar het lot was Nederland niet gunstig gezind.

Een maand voorafgaand aan de start van het toernooi in Egypte, de winnaar van de Afrika Cup 2009 en gastland van dit wereld-kampioenschap omdat het toernooi wegens een burgeroorlog in Zuid-Afrika daar geen doorgang kon vinden, waren Nederland en de rest van de wereld opgeschud door de brute moord op minister-president Verdonk. De aanslag was opgeëist door de militante en radicale moslimorganisatie El Ahmraz, die Europa destijds door middel van verrassingsaanslagen op vooraanstaande politici in de ban hield. Verdonk, al jaren het beoogde doelwit van de radicale partij en enkele malen tevoren met de schrik vrijgekomen, was op staatsbezoek geweest in Parijs en bij een bezoek aan Centre Pompidou door een sluipschutter in het achterhoofd getroffen. Ze was ter plaatse overleden.

Het lot had Nederland in de poulewedstrijden aan Marokko gekoppeld. De wereld hield de adem in. Voor en tijdens de wed-strijd was er sprake van forse onlusten in en rond het stadion tus-sen voetbalsupporters van beide landen, met tientallen gewonden en zelfs drie doden tot gevolg. Het Egyptische leger had hard-handig moeten ingrijpen. De wedstrijd werd wel afgetrapt, maar al snel afgebroken nadat een bom ontplofte in het stadion. Het WK in Egypte werd een dag later afgelast. Marokko en Nederland wachtten een schorsing van twee jaar voor het totale internationale voetbal.

Het WK werd twee jaar later opnieuw gespeeld, zonder Oranje en Marokko. Intussen had de FIFA van de nood een deugd gemaakt en het 'product' voetbal onder de loep genomen. Een aanbeve-lingscommissie, met onder meer de Franse bondscoach Zinedine Zidane, AC Milan-coach Marco van Basten en oud-Madridspits Raul Gonzales, liet een groot aantal veranderingen doorvoeren. De belangrijkste waren:

- Ondergrond wedstrijden kunstgras
- Twee scheidsrechters op het veld met dezelfde competentie
- Twee lijnrechters
- 5e en 6e official volledig digitaal geoutilleerd met technische ondersteuning bij internationale wedstrijden
- Camera's in doelen en op doellijn
- Digitale chip in bal
- Digitale zenders in shirts
- Absolute speeltijd
- Continu en onbeperkt doorwisselen
- Tijdstraf 5 minuten of 10 minuten in plaats van een gele kaart, uit te zitten buiten het veld
- Bij 3x5 of 2x10 minuten straf eliminatie van de wedstrijd
- Bij een blessure van een speler, de 'schuldige' tegenstander een zelfde tijd van veld
- Bij ernstige blessure van een speler, de 'schuldige' tegenstander een zelfde periode uit roulatie
- Strafschoppenserie op kampioenschappen afgeschaft; hiervoor in de plaats shoot-outs, waarbij een speler van de middenlijn op de keeper afdribbelt en binnen 15 seconden tot een schot moet komen

De invoering van deze regels leidde tot een fris toernooi in 2012, waarin aanvallend voetbal de boventoon voerde. De halve finales werden bezet door Australië, Amerika en de finalisten Ivoorkust en Argentinië. Argentinië had in de finale de hoop van het Afrikaanse continent op de eerste Afrikaanse wereldkampioen geknakt door met 2-0 te zegevieren.

Nederland wist zich niet te plaatsen voor het eindtoernooi in 2016 in China. Scheidend bondscoach Booy had tijdens de beslissingswedstrijd tegen Polen een uit angst geboren blunder gemaakt door na een vroege voorsprong alles op de verdediging te gooien. Polen had Nederland met de rug tegen de muur gespeeld en in de slotfase toegeslagen. Het toernooi zelf werd gedomineerd door een wervelend 'Geel Leger' van gastland China, dat de rest van de voetbalwereld vertwijfeld achterliet. Sinds de economische grenzen in China in 2010 volledig open waren gegaan, zat dit kolossale land enorm in de lift. Ook in de voetballerij. Aanvankelijk meldden zich alleen uitgerangeerde vedettes, zoals dat in de Emiraten, Quatar en Japan in het verleden ook was gegaan. Maar vanaf het moment dat Beijing United in 2015 onder aanvoering van de tot Chinees genaturaliseerde Engelsman Wayne Rooney de wereldtitel voor clubteams veroverde, raakte de nationale Chinese competitie in een stroomversnelling. De strijd om de uitzendrechten ging tussen Showproductions van de Nederlander Reinout Oerlemans en McDowell, een Britse mediagigant. De hele wereld kon digitaal de competitie op de voet volgen. Deze commerciële impuls, in combinatie met een invasie van Westerse investeerders, leverde een nieuwe groeimarkt op voor topspelers. Zo verkaste de Braziliaanse sterspeler Robinho in het jaar 2016 voor het onwaarschijnlijke bedrag van 150 miljoen euro van Real Madrid naar Beijing United.

Wayne Rooney was een verhaal apart. De bonkige spits was aan lager wal geraakt na de EK-kwalificatiewedstrijd Engeland-Duitsland in 2007, waarin hij scheidsrechter Blinz uit Oostenrijk knock-out had geslagen. Het wonderkind van Manchester bleek niet opgewassen tegen de rol die hij als cultheld diende te vervullen. De ene na de andere affaire volgde, variërend van geweldpleging binnen en buiten de lijnen, overmatig drankgebruik, rijden onder invloed, cocaïnebezit, buitenechtelijke kinderen, scheidingen en schofferende teksten in de media. Hij belandde zes maanden in de gevangenis. Manchester United-manager sir Roy Keane was het in 2008 zat en liet het levenslange contract ontbinden op aandringen van Adidas en Rolex, die gezamenlijk Rooneys exorbitante salaris opbrachten.

Rooney pakte zijn koffers en begon aan een wereldreis, die startte in Australië en via Nieuw-Zeeland en Zuidoost-Azië eindigde bij een monnikenenclave in Tibet. Daar werd Wayne gegrepen door de rust, de puurheid en de eenvoud van het bestaan. Hij dook voor een periode van twee jaar onder in de Tibetaanse gemeenschap. Geheel in het reine gekomen met zichzelf meldde hij zich daarna bij Beijing United in China om zich vanaf dat moment, we schrijven 2014, in de vaart der volkeren te storten. Op 32-jarige leeftijd loste hij zijn oude belofte in en werd na het behalen van de wereldtitel voor clubteams via een overwinning op het Argentijnse River Plate, in 2016 uitgeroepen tot Wereldvoetballer van het Jaar, een eretitel die hij ook al in 2006 vergaarde.

Het was 4 juni 2020 en de wereld maakte zich op voor het treffen van de voetbalgrootmachten Spanje en Duitsland. Beide landen behoorden tot de favorieten, terwijl Brazilië zoals zo vaak bovenaan stond bij de bookmakers. Onder Jürgen Klinsmann, oudbondscoach van Duitsland, die zich na de verloren WK-finale van 2006 een paar jaar had teruggetrokken op zijn paardenranch in Paraguay, was Brazilië als eerste geëindigd in de Zuid-Amerikaanse kwalificatiepoule, vlak voor aartsrivaal Argentinië. Duitse discipline en Braziliaanse samba; het moest welhaast een dodelijke combinatie vormen. Achterin stond het als een huis. Brazilië had zelfs de beschikking over een keeper van exceptionele klasse. Alemao, die al drie jaar het doel van Real Madrid verdedigde, was al tweemaal tot Doelman van de Wereld uitgeroepen. Twee slopers, Draminho en Stecao, in het centrum van de verdediging werden geassisteerd door de dynamische flankverdedigers Martin en Ze Zebalho. Vervolgens een middenveld om van te smullen. De tijden van de jaren '80 van de vorige eeuw, met het middenveld Cerezo, Socrates, Falcao en Zico, herleefden. Mazao, de strateeg, animator en absolute aanvoerder. Meedogenloos in de duels en gezegend met een fabuleuze linkervoet. Voor hem speelde de pas 19-jarige aanvallende middenvelder Jarzinho, die in 2019 nog gekroond was tot Voetballer van het Jaar in Zuid-Amerika. Hij werd algemeen beschouwd als het grootste talent sinds Pele. In de spits stelde Klinsmann waarschijnlijk Bebetinho op, de magiër van Valencia en topscorer in de Primera Division in de afgelopen twee jaar.

Onder de titelfavorieten schaarden zich ook de Engelsen, met een nieuwe lichting topvoetballers weer volledig terug op het niveau van 2006. Ivoorkust en Nigeria, die in Afrika de laatste jaren de dienst hadden uitgemaakt, werden door menigeen getipt in de voorbespiegelingen. Tot de kanshebbers behoorde ook titelverdediger China, uitgegroeid tot een constante factor in het internationale voetbal. Als outsiders werden Frankrijk, Italië en, gezien het thuisvoordeel, Spanje getipt.

Oranje werd niet kansrijk geacht. Iedereen was al blij met de kwalificatie. Alsof meedoen belangrijker was dan winnen. Na het teleurstellende optreden in Duitsland 2006, het drama van Egypte 2010, de mislukte kwalificaties voor de EK's 2014 en 2018 en de WK-kwalificatie van 2016, hunkerde het vaderland naar succes.

Door twee jaar internationale uitsluiting was de cohesie in het Nederlands team totaal verdwenen. Nederland was in de war geweest en voetballend Nederland al helemaal. Maar in 2020 was Oranje weer waar het hoorde: op het hoogste podium.

Oranje had het niet getroffen met de loting. Runner-up van de Africa Cup 2019 Senegal, en winnaar van de Copa America, Brazilië, waren de tegenstanders samen met *dark horse* Paraguay, dat Chili in een spijkerhard beslissingsduel had uitgeschakeld.

12

Nog een half uur voor de wedstrijd tegen Paraguay. Bram Breedveld keek eens om zich heen in de kleedkamer. Overal strakke koppies, behalve dan de brede grijns op de ongeschoren kaken van assistent-trainer Been. Naast hem was Tino druk bezig met zijn eeuwige rituelen. Gel in de haartjes, wenkbrauwen in de vaseline. Toe maar, nog een keer naar de wc. Zelfs Dutselaar zat aan zijn broekje te frunniken. Stelletje ijdeltuiten! Daar had Bram nooit aan kunnen wennen. Voor en na de wedstrijd, binnen en buiten de lijnen: een profvoetballer moest er blijkbaar altijd op en top bij lopen. Natuurlijk gaf Bram wel om zijn uiterlijk, maar dat kon toch ook zonder dat eindeloze gesmeer met zalfjes, lotionnetjes en crèmepjes? De laatste mode, oké, maar waarom met alle geweld het hipste van het hipste? Beter tien Beckhams op de bank dan één in het veld, zei zijn vader altijd wanneer ze vroeger naar de wedstrijden in de Champions League zaten te kijken.

Heitinga verbrak de stilte: "Marco van Basten zei in 2006 maar één ding. Dat we zo veel mogelijk moesten genieten. Je speelt op een WK. Vergeet je sponsorcontracten, vergeet je dikke wagen, vergeet je prachtige huis en ga terug naar dat kleine mannetje op dat achterafveldje met die bal onafscheidelijk aan zijn voet. Keer terug naar waar het om gaat. Jij en de bal. En geniet van het feit dat jij het veld op MAG. Dat jij MAG laten zien hoe goed je kunt voetballen. En denk heel even aan die miljoenen kleine en grote mannetjes die hun leven zouden geven om met jullie te mogen ruilen. Ga naar buiten en geniet!"

De zoemer klonk. Noppen klakten op de stenen vloer. Vlak voor Bram de spelerstunnel inliep, kreeg hij een tikje op zijn billen. Trainer Bergkamp keek hem aan met zijn lichte, dromerige ogen. Hij rekende op hem vanmiddag. Bram grijnsde terug, verlegen bijna. Het moest niet gekker worden. Een levende legende die hem succes wenste. Eenenvijftig jaar en nog zo fit als een hoen. Dennis Bee, wat was Bram een grote fan van hem geworden toen zijn vader hem voor zijn elfde de dvd van zijn mooiste goals had gegeven. Dat doelpunt tegen Engeland op Wembley, het doelpunt uit tegen Polen, en natuurlijk die onvergetelijke toverbal tegen Argentinië op het WK '98 in Frankrijk. Kon hij straks maar zo'n doelpuntje meepikken.

Bram zweefde, alsof hij ieder moment kon opstijgen. Hij, Bram Breedveld uit Arnhem, kreeg de mogelijkheid op dit immense WK-podium te schitteren. Blijdschap, verlangen en oprechte trots streden in zijn lijf om voorrang. Bij de aanhef van het Wilhelmus liet hij alle remmen los en zong uit volle borst mee, zijn teamgenoten meesleurend in zijn gedrevenheid.

Focust en stoïcijns. Dat had Heitinga de ploeg op het hart gedrukt. Bram was gefocust en stoïcijns.

De kop is eraf, de wedstrijd is begonnen en hoe! Nederland domineert, zoals Heitinga zich had voorgenomen. Geen balbezit om het balbezit, maar via een snelle omschakeling direct de voorste linie aan het werk zetten. Hetzij via de lange bal, hetzij via de flanken. Al snel haalt Lennard Luijendijk vernietigend uit: 1-0 voor Nederland, een droomstart!

In de 31ste minuut volgt een aanval waar de selectie de laatste dagen zo intensief op getraind heeft. Verdediger Dutselaar opent met een trap over vijfendertig meter op links op middenvelder Quincy Quansah, deze omspeelt zijn tegenstander aan de buitenkant, snijdt daarna naar binnen en gaat de één-twee met Breedveld aan. Bram speelt hem met de buitenkant door. Vrijgespeeld voor de keeper knalt Quansah met heel zijn ziel en zaligheid de bal binnenkantje paal binnen. Nederland op 2-0!

Bram voelt zich heerlijk. Tuurlijk, zijn directe tegenstander Gonzalvi laat weinig ruimte, maar Bram is slim. Wiegt hem een beetje in slaap om dan ineens te versnellen. Soms eerst aannemen en vasthouden tot er aansluiting is vanuit het middenveld, dan weer eens

direct kaatsen, dan weer links wegdraaien, dan weer rechts. Zijn hele technische arsenaal, opgebouwd in vijftien jaar 'voetbalacademie', gooit hij uit zijn heupen. Zijn maatje Tino is nog weinig in het spel voorgekomen, maar loert op zijn kans. Hoewel een klasse beter dan de tegenstander, haalt Nederland toch niet ongeschonden de rust. Uit een vrije trap van Paraguay, op zo'n dertig meter van het doel, ontstaat een onoverzichtelijke situatie voor de ogen van keeper Van Zinnigen. Dutselaar wil de bal wegrossen, maar schiet pardoes tegen linksback Giariva aan. De bal rolt voor Paraguay-spits Herrero, die zich geen moment bedenkt en hard uithaalt: 2-1.

Tijdens de rust heerst een goede stemming in de kleedkamer.

"Gewoon doen wat we al deden, ons niet van de wijs laten brengen door een ongelukkige tegentreffer. Geen vuiltje aan de lucht", zegt Heitinga.

Assistent Been loopt intussen naar Tuhuteru.

"Je moet die back naar buiten lokken, dan binnendoor en uithalen met je linker."

Tino is gretig, maar realiseert zich dat hij nog te weinig heeft laten zien. Waar Bram in de eerste helft het sleurwerk verrichtte, is het na rust de beurt aan Tino om de pollen uit de mat te lopen. Zijn arbeid wordt beloond. In de 63ste minuut ontfutselt Tino op rechts de bal aan zijn directe tegenstander, spurt de ruimte in, kapt op rand van 'de 16' naar zijn linker en speelt de bal op Bram. Die houdt hem even vast, lokt zijn directe tegenstander uit de tent, waarop Bram de bal rechts de ruimte insteekt op de doorgelopen Tino. Tino controleert de bal en draait een curve uit zijn linkergrote teen, om de keeper kansloos gestrekt naar de hoek te laten gaan: 3-1 voor Oranje! Precies zoals Been hem had voorgezegd.

Oranje is nog niet verzadigd. De wereld kijkt mee, er komen onvoorziene krachten boven, er valt geschiedenis te schrijven. En Bram wil niets liever dan geschiedenis schrijven. Een doelpunt maken op een WK, dat zou wat zijn. Dat is zijn grote voorbeeld Marco van Basten zelfs nooit gelukt.

Tien minuten voor tijd: Bram ontvangt de bal rond de middenlijn, kapt zijn directe tegenstander uit en begint aan een solo op volle snelheid. Nog twee man voor hem, het strafschopgebied ligt binnen bereik. In een flitsende beweging is hij los van zijn tegenstander door te dreigen naar links, maar rechts het strafschopgebied in te duiken. In een oogwenk komt Bram oog in oog met doelman Conchilla. Deze gokt op een schuiver en gaat liggen. Bram denkt lobje en daar gaat-ie, uiterst precies, links in de touwen: 4-1!

Bram Breedveld uit Arnhem gaat uit zijn dak. Zijn hart brult, zijn hoofd staat op ontploffen. Scoren op een WK, zijn droom komt uit. Uit pure extase rent hij als een dolle over het veld. Tuhuteru kan hem in een wilde sprint beetpakken en op de grond trekken, waarna een tiental Oranjehemden een Oranjeberg vormt.

Bram loopt breed lachend van het veld. Hij wordt gefeliciteerd. Schouderklopje hier, kontklapje daar. Voor hij de catacomben inloopt, kijkt Bram rechts naar de tribune, op zoek naar zijn ouders. Hij schrikt. Ziet hij dat goed? Zijn hart staat stil. Bram kijkt vol in het gezicht van een donkere man met snor. Deze maakt een gebaar met de vlakke hand onder de kin. Bram voelt de aarde onder zich wegzakken. In één klap is zijn goede gevoel verdwenen, het wordt hem zwart voor de ogen. Die gast van zijn polspersonal! Hij lijkt in de verste verte niet op zijn clubmakker Mariano Bernardini.

In de kleedkamer heerst een jubelstemming. De trainer complimenteert de ploeg, maar wijst op de lange weg die nog te gaan is. Dit is pas het begin. Bram is er niet bij. Hij wil naar huis bellen, maar regels zijn regels: geen personals in de kleedkamer. Hij doucht als een speer en kleedt zich in allerijl om. Buiten drukt hij zijn personal aan. Meteen ziet hij de donkere man met snor op het beeldscherm verschijnen. Hij houdt een foto van een lachende vrouw omhoog. Simone!

Hij luistert. *"We told you to play bad. If you don't listen, you'll never see her again. And remember, you tell someone, you'll never see her again. Wait at the sign Tarragonna near your hotel this night at three o'clock. Don't be late."* Het beeld wordt zwart.

Was ze maar hier in Spanje, bij de andere spelersvrouwen. Maar Simone zat twee weken in Tibet en zou pas naar Spanje komen voor de derde groepswedstrijd tegen Brazilië. Hij probeerde haar te bereiken. Geen contact. Dat was de afgelopen dagen ook het geval geweest. Tibet was de slechts bereikbare plek op aarde, ideaal voor een seminar spirituele intelligentie.

'Slecht spelen, kansen missen?' Hij vond het maar vreemd. Wat wilden die gasten nou eigenlijk? Misschien zouden haar ouders of vriendinnen wel alarm slaan als ze niet terugkwam uit Tibet. Maar er mocht geen ruchtbaarheid aan gegeven worden. Bram moest iets verzinnen. Hij mailde snel Simones ouders om te zeggen dat ze was doorgevlogen naar Hong Kong voor een *last minute meeting*. Dat was de oplossing. Voorlopig. Wat kon hij verder doen?

13

Voor hij Simone leerde kennen, had Bram een paar onschuldige vriendinnetjes gehad. Voetbal en vrienden stonden bij Bram bovenaan. Dat veranderde toen hij Simone leerde kennen. In de zomer van 2016 had hij haar voor het eerst ontmoet. Met een paar huisgenoten was hij, volledig tegen de regels van FC Utrecht in, gaan voetballen in het park. Halverwege het partijtje probeerde Bram op volle snelheid de bal binnen te houden. Hij gleed niet door op het droge gras en klapte door zijn enkel. Bram schreeuwde het uit van pijn. Terwijl hij moeizaam overeind probeerde te krabbelen, keek hij plotseling recht in haar ogen. Hij voelde zich opnieuw wegzakken. Maar nu veel zachter. Witte duiven, roze wolken, heidevelden, vlinders, rozen. Veel rozen.

Bram vermande zich, hoewel zijn enkel vervaarlijk begon te kloppen. Hoe lang hij haar aanstaarde wist hij niet. Het duurde tot het meisje hem zachtjes in zijn wang kneep. Daarna greep ze zijn arm om hem voorzichtig weer op de been te helpen. Het volgende moment was ze verdwenen. Bram viel terug op aarde. Wie was dat, hoe heette ze? Geen stom woord had hij gezegd. Wat een Casanova, zeg! Hij wilde achter haar aanlopen, maar voelde meteen een felle steek in zijn linkerenkel.

Een paar weken later kwamen ze elkaar opnieuw tegen, dit keer op de zaterdagmarkt in het centrum. Hij zou 's middags bij zijn ouders langsgaan en had op weg naar het station vijf bossen bloemen voor tien euro gekocht, toen hij onderuitging over een losliggende tegel. Terwijl hij overeind kwam, voelde hij een zachte hand op zijn schouder. "Lig je nou alweer op de grond?" Heidebloemen, lentebloesem en alpenweides.

Roodbruine weelderige krullen, kastanjebruine ogen, een warme zuidelijke teint en parelwitte tanden. Hij moest nu iets doen.
"Bram Breedveld, brokkenpiloot, aangenaam."
Het meisje pakte zijn uitgestoken hand voorzichtig vast.
"Simone Dijkhuizen, redder in nood."
Bram grijnsde onhandig en raapte zijn bloemen bij elkaar. Hij pakte een grote rode roos. Met een lichte buiging nam ze de bloem van hem aan. Samen liepen ze naar het station. Ze begonnen met praten en het leek of ze niet van plan waren daar ooit mee op te houden. Ze praatten over niets en over alles. Samen voor het moment, samen voor altijd. Beter kon de liefde niet worden.

14

De loodzware deur viel met een harde klap in het slot. Bram had ongeveer dertig minuten in het busje gezeten. Hij had alleen het zoemen van de motor gehoord, verder niets. Hij was in zichzelf gaan tellen om de tijd in de gaten te houden. Na ongeveer driehonderd tellen waren ze van een geasfalteerde weg op een onverharde weg gekomen. Althans, dat nam hij aan, want hij werd volledig door elkaar geschud. Er volgden allerlei kleine bochtjes, waarna het busje tot stilstand kwam. Ruw werd hij naar buiten getrokken. Het was koud. En vochtig. Er hing een muffe, zilte lucht. Een rilling trok langs zijn rug. Waar was hij in hemelsnaam terechtgekomen? Was Simone hier ook ergens?

Plots viel een felle lichtbundel op zijn nog geblinddoekte ogen. Ruw werd zijn blinddoek afgetrokken en werd de strip van zijn mond gerukt. Hij zag niets, het licht was te fel.

Hij moest een lange donkere gang in. Aan het eind werd hij een kamer binnengeduwd waar hij alleen een flakkerend lichtje zag. Weer rook hij dezelfde doordringende lucht. Een schimmige gestalte werd zichtbaar.

"*Welcome, mister Breedveld, I'm sorry to meet under these circumstances, but you ignored our orders, so there was no other option.*"

"*Where is Simone? What do you want from me?*" schreeuwde Bram. "*Easy my friend. Your girlfriend is alright. She is a fine and smart lady. I hope you are as smart as your girlfriend.*"

Bram werd woest. Hij wilde de man aanvliegen, maar werd door twee bulterriërs vastgehouden.

"*Shut up and listen! It looks like your team is going for the victory in your pool. You played a hell of a game yesterday. But as you already heard, we don't want the Netherlands to win. So you better start acting like it. That is if you want to see your beautiful girlfriend again. So I suggest you play a damned poor game against Senegal. Don't play too bad but in the first half you are going to have a penalty you are going to miss, my friend."*

"How do you know we'll get this penalty?!"

"Wait and see. If you score, you can say goodbye to your girlfriend. If you try to give the penalty to someone else, you say goodbye to your girlfriend. Oh, and if you have any doubts about us having your girlfriend, here!"

De man gooide iets in Brams richting. Haar slipje!

Bram probeerde zich los te rukken: "Vuile klootzakken, *where is she?"*

"We are not going to tell you. Alejander, por favor, will you please take this guy home, subito."

15

Op kousenvoeten opende hij de deur van hun kamer en sloop naar binnen. Voorzichtig kroop hij in bed. Zijn hartslag haalde met gemak 180 slagen. Hij kon de slaap niet vatten. Om zeven uur ging de wekker en Tino draaide zich om. "Hé, Bram, wat was jij vannacht nou aan het doen?"

Bram keek op, steunde en kreunde wat. "Wat bedoel je?"

"Ik hoorde je weggaan."

"Hoe kom je daar nou bij?"

"*Don't fuck with me.*"

"Ik weet echt niet waar je het over hebt", zei Bram.

Tino ging nog even door, maar Bram hield voet bij stuk. Tino moest hier niet in betrokken worden. Dat was te gevaarlijk voor Simone, maar misschien ook voor Tino en hemzelf. Tino was een open boek, hij zou het nooit voor zich kunnen houden.

"*Tell nobody, or you will never see her again.*"

Dus zweeg Bram en loog tegen zijn beste voetbalvriend. Hoeveel moeite het hem ook kostte.

Tino was een gouwe gozer. Van Molukse afkomst. Althans, zijn moeder. Zijn vader was half Surinaams, half Hollands. Tino was een attente, vriendelijke en vooral beschaafde jongen. Geen doorsnee-prof. Vanaf dag één bij Feyenoord had het geklikt tussen beide voorhoedespelers. Trainer Paul Bosveld van Feyenoord had ze op hun eerste trip direct op één kamer gelegd. Zij moesten zijn nieuwe voortrekkers in het veld worden. In no time waren hun vrouwen vriendinnen geworden. Ze spraken zelfs af zonder de mannen. Simone was gek met Carina, het dochtertje van Tino en Carmen. Over een paar dagen hadden ze een vrije dag en dan zouden Carmen en Carina ook komen. Misschien dat hij Carmen kon inschakelen. Maar wat voor risico liep zij dan? Hij pakte zijn personal en logde in. Hij zond een bericht naar Simone. Vrijwel direct flikkerde zijn screen. *'No contact.'* Gevolgd door: *'Do not contact, you know what will happen!'*

Ze hadden zijn personal volledig getraceerd. Moest hij op zoek naar Interpol? Ze zouden hem zeker volgen. Hij kon niets op schrift of via de ether proberen. Wegglippen uit het trainingskamp zou hem niet nog een keer lukken. En wat zat er eigenlijk achter deze bizarre onderneming? Kennelijk was het de bedoeling dat Oranje niet ver mocht komen op het WK. Brams hersenen kraakten. Wie moest er dan kampioen worden? De accenten kon hij niet thuisbrengen, maar dat had er misschien helemaal niets mee te maken. Waren deze gasten ingehuurd? Zouden er meer jongens bedreigd worden? Van andere teams? Dat moest haast wel; wat hadden zij eraan als alleen Nederland uitgeschakeld werd? Zo'n grote kanshebber was Nederland nou ook weer niet. Bram nam zich voor goed op te letten bij de andere wedstrijden.

Hij had wel eens iets gelezen over de complottheorieën tijdens eerdere WK's. De vermeende bedreigingen aan het adres van Johan Cruijff de avond voorafgaande aan de WK-finale tegen Duitsland in 1974. Cruijff was, op de eerste minuut na, onzichtbaar geweest na een fantastisch toernooi. Veel speculaties over naakte zwempartijen waren er geweest, maar opheldering kwam er pas na het trieste overlijden in 2017 van de grootste voetballer van Nederland aller tijden. Een publicatie van huisvriend en journalist Derksen liet aan duidelijkheid niets te wensen over. Cruijff zou zijn gechanteerd door een onbekende organisatie die gedreigd had zijn vrouw te doden als hij zou schitteren in de finale. Hij had lang getwijfeld en besloten dat het onzin was. Zo was hij ook de wedstrijd ingegaan, maar na de fabuleuze 1-0, waarbij Cruijff de hele Duitse verdediging had ontrafeld, had de Duitse aanvaller Bernhard Hölzenbein in het voorbijgaan geslist: "Ben je gisteren niet gebeld?"
Hierna was het Cruijff zwart voor de ogen geworden en had hij geen bal meer geraakt.

Of anders de complottheorie van het WK '78, toen Argentinië

in de beslissende wedstrijd met 6-0 Peru versloeg en er naderhand in het economische verkeer tussen beide landen sprake was van een onwaarschijnlijke opleving. Of het WK van '94 waar Argentinië-vedette Diego Armando Maradona geschorst werd voor het gebruik van het onschuldige Efedrine, een middel dat in iedere drugstore in Amerika te koop was. Ook medespeler Claudio Caniggia werd met schorsing bedreigd, om op die manier de weg vrij te maken voor Brazilië om kampioen te worden. Brazilië, het land van herkomst van de preses van de FIFA, Joao Havelange, die voor zijn verdiensten een wereldkampioenschap zou zijn aangeboden. Toen Italië de strafschoppenserie inging met Brazilië in de finale, waren ook Italië-aanvoerder Franco Baresi en spits Roberto Baggio bedreigd, door de vierde official nota bene. Waarop ze allebei hun penalty misten. Althans, dat was de versie van Franco Baresi in zijn in 2014 verschenen autobiografie.

Ook het WK van 2002 in Japan en Zuid-Korea stond hoog op het lijstje van potentiële omkoopschandalen. Gastland Korea zou herhaaldelijk zijn bevoordeeld door het arbitrale trio. In Italië en Spanje waren ze er in 2020 nog ziek van. Of wat te denken van het WK 2006 in Duitsland? Alleen de loting al. Duitsland was nog net niet bij Trinidad & Tobago geplaatst, maar dat was toch ook geen zuivere koffie geweest. En dan al die scheidsrechterlijke beslissingen in dat toernooi in het voordeel van Duitsland. Maar goed dat Engeland ondanks alles het toernooi had gewonnen.

Als voetballiefhebber kende Bram deze complottheorieën. Hij had er altijd zijn schouders over opgehaald. Maar nu hij er zelf middenin leek te zitten... Zou hij iemand in het verhaal kunnen betrekken? Oom Pim? Trainer Been misschien? Nee, hij moest zelf nadenken en een oplossing vinden. Zoals hij al zijn hele leven had gedaan.

16

In Utrecht meldde Bram zich aan bij de plaatselijke studenten-voetbalvereniging usvv Odysseus '91. Het eerste elftal kwam uit in de vierde klasse KNVB. Hij deed daarmee een behoorlijke stap terug, maar zijn studie geneeskunde ging voor. Hij kreeg het zwaar genoeg met alle hoorcolleges en verplichte practica. Eerst dat eerste jaar zien door te komen; daarna zag hij wel verder. Zijn vader verwachtte dat trouwens ook van hem. Hij had een hoop geld over voor de toekomst van zijn zoon, maar dan moest die jongen er wel werk van maken. Ach, zo langzamerhand had hij de droom van een mooie profcarrière toch al uit zijn hoofd gezet. Hoe vrijblijvend het er ook aan toeging met twee keer per week trainen, meters bier na de wedstrijd en doordeweeks stappen met het hele elftal, halverwege het seizoen had hij in twaalf wedstrijden al zesendertig doelpunten gemaakt. Wie zal het zeggen, misschien lag het wel aan die ontspannen benadering binnen het studententeam. Hier verwachtte niemand iets van hem, hier stonden geen scouts langs de kant. Zo sloop onwillekeurig een zekere nonchalance in zijn spel die gek genoeg tot meer *Torgefährlichkeit* leidde.

Daar kwam bij dat hij in zijn eerste studiejaar op een andere manier over het verlies van zijn broer was gaan nadenken. Dat gebeurde na een indringend gesprek met oom Pim, die bondsarts van de KNVB was geworden. Oom Pim had zich het gesloten karakter van zijn neefje nogal aangetrokken. Het was hem ook opgevallen hoe Bram krampachtig kon reageren wanneer SML en Brams selectie voor het regionale team ter sprake kwamen. Alles goed, zolang ze het maar niet waagden om zijn broer erin te betrekken. Daar had niemand iets mee te maken. Toen Bram op kamers ging, bracht oom Pim hem in contact met een bevriende psycholoog. Allemachtig, die man vroeg hem werkelijk het hemd van het lijf. Niets mocht onbesproken blijven. Om het een paar gesprekken later te presteren een uur lang zijn lippen stijf op elkaar te houden. Bram moest aanvankelijk niets hebben van deze zogenaamde therapeutische sessies, maar gaandeweg moest hij toegeven dat het hem nu en dan toch een gevoel van opluchting bezorgde. En misschien zat er ook wel iets in: leren jezelf de juiste vragen te stellen. Hoe pijnlijk dat soms ook was.

Wat was er nou precies gebeurd op die fatale winterdag? Wiens idee was het eigenlijk geweest om te gaan schaatsen? Wie had Tim onder het ijs vandaan gehaald? Om vervolgens in één moeite door naar het hier en nu over te schakelen. Wie was er ook weer in Utrecht gaan studeren? En wie had nu zijn leven nog helemaal in eigen hand?

Er kwamen steeds vaker momenten dat Bram zich bevrijd voelde. En dat kwam ook tot uiting op het voetbalveld. Geleidelijk raakte hij ook het idee kwijt dat Tim de enige was geweest die precies wist hoe hij Bram als spits moest aanspelen. Er waren warempel ook andere voetballers die een gevoelvol steekpassje in huis hadden of de bal op het juiste moment achter de verdediging konden leggen. Die zesendertig goals had hij heus niet allemaal op eigen kracht gemaakt. Daar waren soms de fraaiste assists aan te pas gekomen.

Natuurlijk trok zijn doelpuntenregen de aandacht van de scouts van FC Utrecht. En het was dan ook niet meer dan logisch dat de technische staf tijdens de winterstop contact met hem opnam. Of hij misschien iets voelde voor een proefperiode. Bram reageerde laconiek, stoïcijns bijna. Ach ja, het viel te proberen. Wat had hij te verliezen? Na het lopende seizoen zou hij de voorbereiding bij Utrecht meemaken en kijken hoe ver hij zou komen. Bovendien viel de voorbereiding grotendeels in de zomervakantie, zodat het hem geen extra studietijd zou kosten. Daarna was het drie keer in de week 's ochtends en vijf keer 's middags trainen. In overleg met zijn decaan konden ze een aangepast lesprogramma samenstellen, waardoor zijn studie niet al te veel vertraging zou oplopen. En aan de resultaten van zijn eerste jaar lag het niet: daar kon hij absoluut mee thuiskomen. Toch zat daar nog wel een knelpuntje voor Bram: hoe vertelde hij het in hemelsnaam aan zijn ouders?

Aanvankelijk liep alles volgens plan in het café vlakbij het Neude. Zijn vader had eerst nog wel wat argwanend om zich heen gekeken toen zowat al het personeel Bram bij naam en toenaam bleek te kennen, maar de spareribs waren prima, net als de vaasjes bier die regelmatig doorkwamen. Bram zat enthousiast te vertellen over zijn practica, zijn vlot gehaalde tentamens en zijn studiegenoten. Met een grijns bekende hij dat hij steeds vaker actief was in de keuken en dat zijn huisgenoten zijn gerechten vervolgens met steeds minder moeite wisten binnen te houden.

Zijn ouders hingen aan zijn lippen, trots als ze waren op de prestaties van hun zoon. Maar toen zijn vader informeerde hoe het was om bij een studentenclub te voetballen, kon hij er niet om heen. Hij moest vertellen dat hij het scoren nog niet was verleerd. Gemiddeld maakte hij er drie per wedstrijd. Koppen, links en rechts uithalen en laatst nog een halve omhaal vanaf de rand van de zestien. Het had hem zelf ook nogal verbaasd. En, o ja, vorige maand was hem een voorlopig contract bij FC Utrecht aangeboden. Natuurlijk, hij was naar Utrecht gegaan om te studeren, dat wist hij dondersgoed, maar zo'n kans kon hij toch niet laten lopen? Eredivisie! Al zou hij alleen maar op de bank mogen zitten, misschien een keer een invalbeurt krijgen.

Zijn vaders mond viel open. Zijn moeder schudde ongelovig haar hoofd. Wat ging er precies door ze heen? Maakten ze een afweging tussen een florissante toekomst als arts en een onzeker bestaan in de opportunistische voetbalwereld? Snel ging Bram verder. Over het plan om 's avonds colleges te volgen en een paar tentamens door te schuiven naar de volgende zomer. En, dat moesten ze toch toegeven, dat hij bij Utrecht de belofte aan Tim zou kunnen inlossen... Ai, het floepte eruit voor hij er erg in had.

Vader Breedveld kon het niet aan. Hij sloeg hard met zijn vuist op tafel en stormde vervolgens het café uit. Boos, verdrietig? Bram wist het niet. Hij had zijn vader wel vaker zien weglopen voor zijn gevoelens. Zijn moeder plukte vertwijfeld aan de punten van haar blouse. Ze gunde hem het allerbeste, maar voetballen bij een prof-club? Kwam het allemaal niet een beetje snel? En waarom was hij zomaar over Tim begonnen? Ze liep naar hem toe en drukte hem tegen zich aan. Er zat nu niets anders op dan haar man achterna te gaan, maar aan haar zou het niet liggen, zo verzekerde ze hem.

17

Zoals wel vaker kwam ze te laat binnen. Maar nu had ze een excuus. Ze was nota bene direct vanaf Schiphol naar Utrecht gesjeesd. In de hoop om voor de wedstrijd nog iets over haar seminar in Tibet te kunnen vertellen aan haar vriendinnen. Maar de voorbeschouwingen zaten er al op, de wedstrijd ging beginnen.

"Hé Simoon, kom d'r in, de anderen zijn er al!"

"Brammetje olee, olee, olee."

"Hij speelt toch wel vandaag, hè Simoon?"

Simone knikte. Het laatste WK-nieuws had ze in het vliegtuig gelezen, in een Engelse krant. Bram leek een vaste waarde, dat was alles wat ze wist. Ze had nog geen tijd gehad hem zelf te spreken.

"Ach, dan zit dat schatje van een Keijzer op de bank. Nou, ik hoop dat ze af en toe op hem inzoomen dan", giechelde Femke.

Daar kwamen de opstellingen al in beeld.

"Brammetje in de spits. Verder geen verrassingen. Quansah speelt ook gewoon", zei Anouk.

Het Wilhelmus klonk. De spelers kwamen een voor een in beeld.

"Jee, wat heeft die Kruiswijk een strak broekje aan!"

Gejoel toen de camera langs Bram gleed.

Simone rilde. Van de zenuwen? Ach, ze miste hem gewoon; hij was al drie weken weg. Maar wat keek hij vreemd uit zijn ogen. Bleek, weggetrokken smoeltje ook. Zo had ze hem nog nooit gezien voor een wedstrijd. Bij vorige interlands had hij nog half meegezongen. Nu hield hij zijn mond dicht, angstvallig haast. Zou zo'n WK dan zo veel spanning veroorzaken? Of was er iets anders aan de hand?

"Zooo, kijk dan naar Quansah, wat heeft die met zijn haar gedaan? Dat ziet er toch niet uit! Of heeft die Belinda van hem het er zelf ingezet, Simoon?"

De kapel speelde het volkslied van Senegal.

"Jemig, die gozer is zwart", riep Floor.

"Allemaal! Wat een klerenkasten!"

De wedstrijd was begonnen.

"Man schiet die bal dan naar voren. Jezus, Bram, neem die bal aan!" Anouk was weer fanatiek als altijd.

"Wat is er met hem? Het lijkt wel of ie bang is, Simoon."

"Getver, waarom spugen die voetballers toch altijd zo?"

"En ze zitten de hele tijd aan hun kruis. Ook als er geen vrije trap wordt genomen."

"Bram doet het ook. Ik heb het hem wel eens gevraagd. Vindt hij gewoon lekker en het gaat ongemerkt."

"Nou ja zeg, die Afrikanen zitten ook allemaal te krabben!" riep Eline.

"Logisch, die hebben meer om te krabben."

"Nou, voetballen kunnen ze anders ook", zei Anouk. "Die jongens zijn echt goed hoor. Kijk, weer een driehoekje!"

"Hoezo driehoekje? Zitten jullie naar een andere zender te kijken of zo?"

"Positiespel, daar horen driehoekjes bij, snap dat dan."

"O, driehoekjes, doordekken, één keer raken, nou begin ik ineens te begrijpen waarom jij iets met een profvoetballer hebt."

"Zo kan ie wel weer. Verdorie Bram, doe es iets, man", bromde Simone.

"Heeft hij pap in zijn benen?"

"Hij mist zijn meisje natuurlijk", grijnsde Floor.

Simone was meestal zenuwachtiger dan ze zou willen wanneer Bram moest spelen. Vooral nu de hele wereld meekeek. En inderdaad, ze had hem wel eens beter zien spelen. Ongelooflijk, elke keer een stap te laat. Ze had spijt dat ze niet naar Spanje was gegaan. Dan had ze hem kunnen steunen. Als ze in het stadion zat, kreeg ze altijd het gevoel dat hij beter speelde. Dat had ze er graag voor over, ondanks al die hysterische spelersvrouwen, die oorverdovend gilden zodra hun man aan de bal kwam, maar met even groot gemak weer omschakelden naar hun laatste aankopen. Meestal Gucci-tassen, brillen of portemonnees. Niks voor haar.

"Hé, scheids, dat is toch een overtreding?" gilde Anouk.

"Hou toch op!"

"*Yes*, hij legt hem op de stip!"

"Je meent het, wat een giller! Bram werd niet eens geraakt, jongens. Kijk maar in de herhaling!"

Op het scherm zagen ze Bram inderdaad als een stervende zwaan tegen het kunstgras gaan, terwijl er van contact met de verdediger absoluut geen sprake was. Vanuit een andere camerahoek werd het nog duidelijker: Bram struikelde over zijn linkerschoenveter. Een *Schwalbe* kon je het ook niet noemen.

"Oh god, hij gaat hem zelf nemen. Kom op, Brammie, cool blijven nu."

Bram bleef cool. In zijn hoofd werd het rustig. Dit was zijn moment. Nu moest hij het doen. Hij legde aan. Zacht, halfhoog, in het midden. Onvoorstelbaar zwak ingeschoten. De keeper hoefde alleen maar te blijven staan, maar die gast was al op weg naar de rechterhoek, leek de bal alsnog te keren, maar tikte tot ieders stomme verbazing, vooral die van Bram, de bal met zijn linkerhand in het doel: 1-0 voor Nederland. Bram werd bedolven onder zijn ploeggenoten, half knielend na zijn schot, alsof hij zelf nog het meest verbaasd was over het doelpunt. Alles fout gedaan wat hij maar fout kon doen en toch scoren. Hoe was het mogelijk?

De voorsprong had een verlammende werking op het Nederlands elftal. In plaats van vooruit te verdedigen, zakte het middenveld in. Senegal voerde de druk op en na vier corners op rij was het raak. De grootste en sterkste speler van het veld, Amiro Mokachi, sprong hoger dan de Nederlandse verdedigers en kopte de bal onbedaarlijk hard achter Van Zinnigen: 1-1. Rust.

Heitinga's ogen schoten vuur in de kleedkamer. Zwijgend wees hij de spelers hun plaats. Stuk voor stuk namen ze iets te drinken van De la Crosse. Tijdens de korte toespraak van de trainer vlogen de schuimvlokken in het rond: "Wat hebben jullie in jezusnaam te zoeken hier in Spanje! Dit is geen zomeravondvoetbal! Wat heb ik gezegd? Vanuit de positie spelen. Vooruit verdedigen. Anticiperen. Focussen die hap. Stoïcijns blijven. Laat je niet op je kop zitten door die gasten! Of liggen jullie in gedachten al aan een luizig strandje aan een slappe cocktail te lurken? Stelletje godvergeten heikneuters. Laat het zien! Vooral voorin, Breedveld, jou heb ik helemaal nog niet gezien. En als je die strafschop erin schiet, hoe ongelooflijk beroerd je dat ook voor mekaar krijgt: juích dan tenminste nog!"

Bram knikte schaapachtig. Wat moest hij? Hij was de hele eerste helft in beslag genomen door die verduivelde man met de snor. En dan die penalty. Veel slechter had hij hem toch niet kunnen raken? Maar die keeper maakte er een nog veel groter potje van. Verdorie, dat gedonder, hij wilde gewoon lekker voetballen. Dit was het WK, zijn grootste droom en dan dit. Waar was Simone? Er overviel hem een onbestemd gevoel van eenzaamheid, midden in de volle kleedkamer. Hij moest zichzelf weer bij elkaar zien te rapen.

Na rust drukte Oranje Senegal terug op eigen helft, maar dat betekende tegelijkertijd ruimte voor de razendsnelle spits N'Komo, die telkens met lukrake trappen van achteruit werd aangespeeld en Dutselaar deed snakken naar adem. Een wanhopige sliding van Dutselaar mislukte faliekant. N'Komo omspeelde de uitgelopen Van Zinnigen beheerst en schoot droog de 2-1 voor Senegal binnen.

Nog een kwartier te spelen. Heitinga liet Ebonque warmlopen. Logisch. De bonkige spits van Bayern München was de ideale pinchhitter. Lange ballen op de bonkige en zeer balvaste Ebonque en dan razendsnel aansluiten. Het werkte. Oranje kreeg kansen.

Bram volgde zijn voeten. De rest probeerde hij uit zijn hoofd te zetten. Wat nou mannen met snorren? Hij schakelde over op de automatische piloot. Uit de trukendoos kwam nog één keer een beslissende actie. Over rechts. Bal voor. Op maat. Inknikken met je donder, Ernesto. Doelman Tuwanki tikte de kopbal uit de bovenhoek, precies voor de voeten van Tuhuteru: 2-2.

"Hé, Bram, even een reactie jongen. Gefeliciteerd. Wat gaat er door je heen?" Kenneth Perez stond met zijn camera op het veld. Mijn God, wat gaat er door me heen? Goede vraag Kenneth. Ik zou het niet weten. Ik ben zo leeg. Leeg van de wedstrijd. Leeg van de zorgen. Ik zou het wel voor de camera willen uitschreeuwen. Zou Simone kijken? Waar ze ook moge zijn?

"Ja, wat gaat er door me heen? We pakken toch een puntje. Ze speelden solide, compact... Zware wedstrijd... Die jongens waren fysiek enorm sterk... Moeite met omschakeling. Gelukkig kon Ernesto zijn specialiteit laten zien. We zijn nog volop in de race voor de volgende ronde."

"Een doelpunt en een assist, dat is niet verkeerd, Bram. Vond je het zelf ook lekker gaan?"

Bram wist dat Perez voor positieve televisie stond: "Ja, het ging wel lekker, voorin wisten we elkaar goed te vinden. Nogmaals, gelukkig komen we tot 2-2, we hebben nog volop kansen."

Bram vervolgde zijn weg naar de kleedkamer. Met gemengde gevoelens en veel gedachten over de wedstrijd. Hij voelde zich zo in vorm, hij kon het gewoon niet tegenhouden. De aanname, de timing, de passing: alles op de juiste snelheid. Hier was hij al die jaren naar op zoek geweest. Naar deze vorm. Op het juiste moment, op het juiste podium. Hij kon het alleen niet laten zien.

18

"Trainer, trainer, kan ik u straks even onder vier ogen spreken?", had Bram Breedveld gevraagd. "Het liefst op de medische kamer. Kan het om drie uur?" Assistent-trainer Been had hem argwanend aangekeken. In de ogen van de spits zag hij dat het serieus was. "Ik zal er zijn Bram, ik zal er zijn."

Stipt om drie uur stapte Been de medische ruimte binnen. Niemand, geen Breedveld te bekennen. Gek, die jongen was normaal gesproken altijd op tijd. Op de massagetafel lag een stuk papier. 'Kom naar het trainingsveld achter de kleedkamers, maar zorg dat je niet gevolgd wordt.' Ja hoor, geintje zeker. Hier trapte hij dus niet in. Daar hadden ze hem vroeger net iets te vaak voor in de maling genomen: Ruud Heus, Simon Tahamata en die droogkloot van een Johnny Metgod. Die had hij daarna nog mooi te grazen genomen, met die Spaanse pepers tussen zijn broodje kaas. Been wandelde hoofdschuddend terug naar zijn kamer. Kon hij op zijn gemak nog even die dvd van de Brazilianen bekijken.

Bram zat op zijn hurken in het struikgewas, schuin tegenover de kleedkamer. Hij wist zeker dat niemand hem had gezien, nog geen terreinknecht of bodyguard. Ten einde raad was hij. Misschien dat Been hem kon helpen; die was in elk geval voor de volle honderd procent te vertrouwen. Hij móest het gewoon aan iemand vertellen. Zijn Simone was in gevaar. Alles zou hij geven, dit hele WK, zijn profcontract met winstpremies, zijn huis erbij, als het moest zijn eigen leven, zolang ze maar met hun poten van haar afbleven. Waar bleef die Been nou toch?

Natuurlijk was Been op tijd aan tafel. Altijd als eerste. Net als Bram, die zou zo ook wel komen en dan zou hij die brede grijns van hem wel zien. Hij mocht hem wel, die Breedveld. Lekker spitsie. Een enthousiaste gozer zonder kapsones, met een gouden hart. En slim, hè. Kon zo dokter of professor worden, advocaat desnoods. Hij was even bijdehand als een heel elftal spelersmakelaars bij elkaar. Maar nu kwam die mafkees niet eens opdagen. Toch even informeren bij de balie.

Nee, die verdomde Spanjolen wisten het ook niet natuurlijk. Altijd maar in het Engels antwoorden terwijl hij zich uitstekend verstaanbaar kon maken hierzo in Zuid-Europa. Nee, dan Italië. In Pisa hadden ze nog steeds posters van hem aan de muur hangen. En nog onbeleefd ook, die Spaanse jongens aan de balie: berichtjes in-toetsen op de polspersonal is zeker belangrijker dan fatsoenlijk hotelgasten te woord staan.

Bezweet en teleurgesteld kwam Bram de lounge binnenstuiven. Nog te laat ook; voor het eerst in vier jaar profvoetbal. Dan maar honderd euro in de boetepot. Afspraak is afspraak. Zeker bij Heitinga.

Het avondeten smaakte Bram voor geen meter. Na het toetje liep hij direct op Been af. Die zag hem al aankomen: "Hé zeiksnor, wat zijn dat nou voor gebbetjes? Beetje de trainer het bos insturen zeker. Ben je nou helemaal van de ratten..." Geschrokken slikte Been zijn woorden in. Zo had hij die Breedveld nog nooit uit zijn ogen zien kijken. Dat maatje zou toch geen akelige ziekte onder de leden hebben? Dat konden ze niet gebruiken tijdens een WK. Even praten? Tuurlijk, maar eerst moest hij nog de dode spelmomenten met Heitinga doornemen. Half negen kon hij in de lobby zijn. "Op jullie kamer? Jij zegt het Brammetje!"

Een uur later klopte Been op de kamerdeur van Breedveld en Tuhuteru. Bram stormde meteen de gang op. Schichtig om zich heen kijkend snelde hij naar de lift. Been liep gedwee achter hem aan. In de hal groetten ze vluchtig de receptionist, die weer alleen aandacht leek te hebben voor zijn personal.

Op het parkeerterrein vertelde Bram het hele verhaal. Midden in de beschrijving van de man met het leren jack en de volle snor, hoorden ze plotseling gierende banden. Een donker busje kwam het terrein opscheuren. Twee gemaskerde mannen sprongen naar buiten, grepen Been bij de oksels en sleurden hem de cabine in. Voor Bram alarm had kunnen slaan, spoot het busje alweer de straat uit.

19

Bondscoach Heitinga liep in zijn oranje badjas naar de deur van zijn suite. Hij had de staf vanavond vrijaf gegeven en was zelf eens lekker in een heet bad gestapt. Net toen hij zich in een luie stoel wilde installeren voor zijn visualwall om nog wat wedstrijdbeelden te analyseren, werd er geklopt.

Voordat Heitinga goed en wel door had wat er gebeurde, stonden drie donkere mannen in de kamer. Pistool in de aanslag. Hoe kon het gebeuren dat in dit zwaar bewaakte hotel mannen zijn kamer binnendrongen? Heitinga begreep er niets van, maar wist één ding: rustig blijven en luisteren. De man met de zonnebril nam het woord.

Heitinga was overdonderd. Ze hadden Mario gekidnapt, zíjn gezin werd bedreigd. Rustig blijven en doorgaan. Focust en stoïcijns. Zoals altijd. Dan zou Been niets overkomen. Dan zou Charlotte en de kinderen niets overkomen. Mijn god, Charlotte en de kinderen... Die nacht vatte Heitinga maar zeer moeizaam de slaap.

20

Het was een drukte van belang op El Prat, het vliegveld van Barcelona. Simone was benieuwd of ze door iemand opgehaald zou worden. Ze had Bram niet meer gesproken sinds hij met zijn voetbaltas de deur was uitgegaan. Toen ze met haar vriendinnen naar de wedstrijd tegen Senegal keek, kon ze dan ook niet zeggen hoe Bram zich voelde, daar in Spanje. "Hij kan je toch wel stiekem bellen", had Floor giechelend gezegd. "Nee joh", zei Anouk droog, "als hij zijn meisje hoort, raakt hij toch helemaal zijn concentratie kwijt." Ze had gezwegen. Natuurlijk wilde ze dat hij belde, maar ook dat hij goed voetbalde.

Simone liep door de volautomatische gate op het vliegveld, haar tas stond al bij de D van Dijkhuizen. Uit het niets verscheen ineens een donkere man in een antraciet pak, zonnebril op zijn neus.

"*Senora* Breedveld, *my name is Julio, if you want to follow me.*" Hij pakte haar tas en voor ze er erg in had, zat ze naast hem in een donker busje met donkergetint glas. De man was weinig spraakzaam, de chauffeur voorin evenmin.

"*Where are we going?*"

"*We will arrive in five minutes.*"

De vijf minuten werden een half uur en omdat het donker was, had Simone geen idee waar ze reden. Afgelegen was het in elk geval, het hotel dat Bram had gereserveerd. Had hij het niet over een knus familiehotelletje gehad, aan de rand van de stad? Dit leek haar niet bepaald de rand van Barcelona. Maar ze zeiden wel meer bij de reisorganisaties. Ze reden een onverharde weg op. Een gebouw doemde op. Ze zag een schaars verlichte voorgevel. Niet wat je noemt een groot hotel. Was het wel een hotel? Er was geen uithangbord te zien. Dat bedoelde Bram misschien met familie-hotel. Het was vast een heel speciaal onderkomen. De auto kwam tot stilstand. De man pakte haar koffer uit de achterbak en greep haar wat ruw bij de arm. Hier klopte iets niet.

Simone bleef staan. Aan beide kanten van de deur stond een man met een mitrailleur. Ze wilde hard weglopen, maar de man met de snor had haar linkerarm nu stevig beet en de mannen met de mitrailleurs kwamen in beweging. Met knikkende knieën liep ze naar binnen. Donker, koud, kale muren, vervallen trappen, klepperende deuren. Ze werd een ruimte binnengeleid waar ze bij een zwak kaarslicht een man ontwaarde.

"*Senora* Breedveld, *welcome, I'm sorry to see you under this circumstances, but if your friend would have been more cooperative, this all had not been necessary.*"

"*What are you talking about?*"

"*I can imagine you are confused and angry.*"

"*Angry? You ain't seen nothing yet!*" schreeuwde Simone tegen de man. "*What do you want from me?*"

"*You stay here. As long as your friend is not cooperating you will stay here. If he does, no problem. If he does not, you have a serious problem. José, bring here to her room.*"

Een grote man met een rafelige donkere baard leidde haar naar een halfdonkere kamer. Het schamele licht kwam van een peertje aan het plafond. Voor ze vragen kon stellen, sloeg de deur in het slot. Een gammel bed, een ranzig dekentje, een loshangend wasbakje. Geen water uit het kraantje. Kale muren. Er hing een muffe, vochtige lucht. Ramen waren er niet. Simone zakte op het bed.

Waar was ze verzeild geraakt? Waar was Bram en wat was er in hemelsnaam aan de hand?

21

Aan de ontbijttafel nam Heitinga het woord. "Heren, ik heb een trieste mededeling. Mario Been is op stel en sprong vertrokken. Ik wil er verder niets over zeggen. Omdat ik wil dat hij en zijn familie met rust gelaten worden. Ik hoop dat jullie dat respecteren. Na het toernooi horen jullie er meer over. Ik heb besloten geen vervanger op te roepen."

Het bleef stil, iedereen, inclusief de staf, keek elkaar vragend aan. Dit hadden ze nog nooit meegemaakt. Het moest wel ernstig zijn, anders verlaat je een toernooi als dit niet.

Bram moest het even verwerken. Hij had niet verwacht dat het zo zou uitpakken. Wel wist hij nu zeker dat het die gasten menens was. Vlak nadat Been in de auto was gegooid, hadden ze hem gebeld. Weer die monotone stem in het Engels, die rare telegramstijl. Alleen de mededeling dat hij het niet nog een keer in zijn hoofd moest halen om iemand op de hoogte te brengen. Niemand van de technische staf, geen medespeler en zeker geen journalisten. Onmiddellijk daarna werd de verbinding verbroken.

Zouden ze Heitinga ook hebben benaderd? Nee, de bondscoach leek net zo kalm en onverstoorbaar als altijd; geen spoor van twijfel. Misschien hadden ze hem met een ander verhaal om de tuin geleid. Kon hij niet heel voorzichtig een balletje opgooien bij de trainer? Wie weet konden ze toch iets uitrichten. Bram moest op zoek naar aanknopingspunten of handlangers. Niets zo erg als machteloos afwachten.

Maar hoe gevaarlijk waren ze? Zat er een hele organisatie achter? Dan zouden ze hem voortdurend in de gaten houden. En hij moest op zijn tellen passen. Zeker vanmiddag na de training. Er stond een uitgebreid interview met Perez op het programma. En als die buiten het veld, op een lekkere bank met je aan de haal ging, dan moest je op je hoede zijn. Als oud-prof had Perez zich ontwikkeld tot een lepe journalist. Als collega met je over voetbal ouwehoeren en intussen van alles aan de weet proberen te komen.

22

Bondsarts Pim de la Crosse controleerde nog één keer zijn koffer. Gazen, steriele hechtset, niettang, pleisters en niet te vergeten pijnstillers en ontstekingsremmers. Zijn artsenkoffer was niet te zwaar, maar vol genoeg om niet voor verrassingen te komen staan. Hij had er een bloedhekel aan om een beroep te moeten doen op een stadionarts of, nog erger, een nabijgelegen ziekenhuis. Dat was zijn eer te na. Het was hem als bondsarts aan het begin van zijn carrière één keer gebeurd dat hij driemaal had moeten hechten in dezelfde wedstrijd en niet voldoende hechtdraad bij zich had. Dat had hij zichzelf nooit vergeven. Destijds moest de betreffende speler naar het ziekenhuis en kon niet meer terugkeren in de wedstrijd. Sindsdien had hij nooit meer iets aan het toeval overgelaten.

Dit WK moest de kroon op zijn carrière worden. Hier had hij als student medicijnen van gedroomd. Het medische team had hij in het afgelopen jaar zorgvuldig samengesteld. Met fysiotherapeut Van Arum kon hij lezen en schrijven; ze werkten al geruime tijd samen bij de KNVB en bemanden ook dagelijks het Sport Medisch Centrum van de KNVB. Daarnaast waren ze al zes jaar aan het A-team gekoppeld. Naast de vaste fysiotherapeut waren er nog twee fysio's, twee masseurs, een voedingsdeskundige, een psycholoog, een haptonoom en een inspanningsfysioloog aan het team verbonden. Aan De la Crosse de taak om van alle begeleiders een hecht team te maken.

Ze waren klaar voor de wedstrijd tegen Brazilië. De la Crosse controleerde samen met Van Arum nog eenmaal het medische materiaal en maakte zich op voor het vertrek. Meestal waren ze anderhalf uur voor aanvang van de wedstrijd in het stadion. Zo'n wedstrijddag verliep altijd met de traagheid van een zondag op Jamaica. Tuurlijk, er lag spanning op de groep, op de technische staf en op de overige stafleden. Die spanning moest er ook zijn, anders kon je geen topprestatie leveren. Maar anderzijds was zo'n dag ook een kwestie van wachten, eten, wandelen, wachten, eten, rusten en weer wachten. Het liefst speelde hij een middagwedstrijd, zoals vandaag. En dan ook nog tegen Brazilië.

Als actief voetballer had hij de hoofdklasse amateurs gehaald, maar hij was niet goed genoeg geweest voor het betaalde voetbal, hoewel hij nog met jongens als Bergkamp in de jeugd bij Ajax had gespeeld. Maar daar werd hij al snel afgetest op zijn geringe fysiek. Nu, op zijn vijftigste, speelde hij nog wekelijks met zijn vrienden van het studentenelftal. Vergane glorie uiteraard, maar op de achterafveldjes van de vroege zondagmorgen liepen zijn gedachten en dromen nog regelmatig door elkaar.

De rit naar Nou Camp was kort. Zo'n klassieker verdiende geen ander stadion. In de bus knipoogde De la Crosse in het voorbijgaan naar Breedveld, zijn oogappel in de ploeg. Wat was hij trots dat zijn kleine neefje het Nederlands elftal had gehaald. En hoe bijzonder was het om met een familielid, dat zo dichtbij stond na alles wat ze in de familie hadden meegemaakt, dit unieke evenement mee te maken.

De bondscoach zat voorin. Charmant, doortastend en integer. Zo zou De la Crosse Heitinga typeren. Het was prettig samenwerken. Een ieder werd op zijn professionaliteit aangesproken, iedereen werd gerespecteerd. Natuurlijk ging De la Crosse niet met hem in discussie over de opstelling. Hooguit aan de bar. Toch had De la Crosse stellig de indruk dat hij Heitinga, net als andere trainers voor hem, wel eens op andere gedachten had gebracht. Gewoon omdat De la Crosse ervaring bezat om in de psyche van de sporter te kijken en bijna altijd goed voorspelde wie er wel goed zouden spelen en wie niet. Dat had respect afgedwongen bij het begeleidingsteam en ook bij Heitinga. Een sporter liet in de medische ruimte vaak een deel van zichzelf zien dat hij voor de buitenwereld liever verborgen hield. Voor onzekerheden was geen ruimte in het profvoetbal. De voetballerij liep van oudsher fors achter ten opzichte van andere takken van sport wat de ontwikkelingen van mentale begeleiding betreft. De la Crosse had menig robbertje hierover gevochten met de diverse bondscoaches, maar nooit een fiat op dit gebied gekregen. Tot grote vreugde van De la Crosse was er door het grote succes van China tijdens de wereldkampioenschappen in 2016 ook een uitgebreide spelersbegeleiding op medisch en psychologisch gebied gekomen in het Europese voetbal. Bij de Chinezen was ruimte voor een grote begeleidingsgroep, met onder meer orthomanuele artsen, acupuncturisten, yogatrainers, boeddhisten, zencoaches en psychologen. De weg lag open voor psychologische begeleiding in het Europese voetbal en dit had al na korte tijd vruchten afgeworpen.

Ook Heitinga stond daar positief tegenover. Hij stimuleerde een open dialoog binnen de staf en was voorstander van mentale coaching. Waarschijnlijk was dit niet helemaal los te zien van de reactieve depressie waarin de bondscoach in zijn voetballoopbaan terecht was gekomen, na een periode van persoonlijk leed, zware blessures en het verlies van dierbaren in korte tijd.

De spelers liepen naar het veld, de trainers babbelden quasi ontspannen met de officials, fysiotherapeut Van Arum begon met tapen en de verzorgers kneedden nog wat bovenbenen. Vooral voor Tino Tuhuteru was dat een standaard ritueel, anders raakte hij geen bal. De la Crosse liep met de geblesseerde Van Dinteren naar het veld. Hij kende hem al van jongs af aan, omdat Van Dinteren alle vertegenwoordigende elftallen had doorlopen. Hij mocht hem graag; hij had een groot hart, winnaarsmentaliteit en was sportief onder alle omstandigheden. Type Dirk Kuijt, een van zijn favoriete voetballers uit het begin van deze eeuw. Al had De la Crosse altijd moeite om zijn favoriete speler uit te kiezen. Na het stoppen van Dennis Bergkamp was hij in een soort vacuüm terechtgekomen. Op zijn lijstje stond op 1 Bergkamp, op 2 Bergkamp op 3 weer Bergkamp. Daarna een hele tijd niets.

De wedstrijdspanning liep langzaam op. De gebaartjes, het schrapen van de kelen, het gewriemel aan de schoenen, het gepiel met een bal, het gewurm met sieraden. Tuhuteru hield zoals gebruikelijk weer veel te lang de wc bezet.

De la Crosse vond het heerlijk, die periode vlak voor de wedstrijd. Hij hoefde niet te presteren, zou je denken, maar hij was tot in zijn kleinste zenuwen gespannen, zo betrokken was hij. Ook in zijn dagelijks werk als orthopedisch chirurg moest hij er staan als het erop aankwam. Daar vergeleek hij het altijd mee als zijn collega's hem vroegen wat hij nou zo mooi vond aan de voetbalbegeleiding. Maar hij wist ook wel dat de wedstrijdspanning voor de spelers vele malen hoger lag. Misschien te vergelijken met de spanning aan het begin van je artsentijd, als je als jonge klare met de reanimatiepieper op zak 's nachts door het grote lege ziekenhuis dwaalt en je donders goed weet dat jij de enige hoeder ter plaatse bent.

De gong, geschreeuw, handgeklap, bonkende handen op de wand. Klopjes op schouders en billen. Vurige, gretige blikken. Behalve die van Breedveld. Wat was er nou ineens met zijn neef aan de hand? Dit zag er niet goed uit, dit was anders dan anders. De la Crosse kon het niet plaatsen en er was geen tijd meer om nog contact met hem te maken. De spelers stonden al op het veld.

Hij nam zijn vaste plekje in tussen keeperstrainer Lodewijks en Van Arum. Het fluitsignaal snerpte door het tot de nok gevulde Nou Camp. Voor Brazilië was het alles of niets. Twee wedstrijden gespeeld en maar één punt. Het land was in rep en roer na het totaal onverwachte maar verdiende verlies tegen Paraguay. Het grote Brazilië balanceerde op het randje van uitschakeling. Vooral keeper Alemao had het in de pers moeten ontgelden. Hij was inderdaad niet vrijuit gegaan bij de tegendoelpunten, maar Brazilië had ook al snel in het duel met tien man verder moeten spelen door een rode kaart van Mazao na een onschuldig duel tussen de aanvoerder van Brazilië en Tito, de centrale middenvelder van Paraguay. Ook spits Bebetinho had niet bepaald zijn dag: hij miste drie opgelegde kansen. Brazilië moest daardoor winnen, terwijl Nederland niet mocht verliezen, want het onderlinge resultaat kon bepalend zijn. Afwachten hoe de wedstrijd tussen Paraguay en Senegal zou verlopen, was te riskant.

De toon werd al in de tweede minuut gezet toen middenvelder Renato een vliegende tackle op Quansah plaatste. Een schandalige overtreding en Renato kwam goed weg met een gele kaart. "Schijterd", siste Bergkamp naast De la Crosse, die het veld in mocht om naar de geblesseerde te kijken. Hij vreesde het ergste, maar na wat wonderwater en een minuutje rust kon Quansah trekkebenend verder. Het was slechts een voorbode. Brazilië speelde allerminst virtuoos, zeker niet nadat Nederland op voorsprong kwam. In de veertiende minuut draaide Tevreden een corner van rechts in bij de tweede paal. Quansah torende boven iedereen uit en sloeg zijn hoofd met alles wat hij had tegen de bal: 1-0 voor Oranje. De bank sprong op, Van Arum struikelde in zijn vreugde over de medische koffer, Bergkamp kneep De la Crosse de lucht uit zijn longen.

"Dat zal die moordenaars leren!" schreeuwde Wouters naar de Braziliaanse bank. Opluchting op het gezicht van Heitinga. Dit was een droomstart.

De la Crosse hield zijn hart vast en zijn kaken op elkaar. Had hij altijd het lastigste gevonden: zijn mond te houden op de bank. Thuis voor de buis was hij een en al emotie, op de bank moest hij professioneel blijven. Maar zijn voorgevoel klopte. Nadat Quansah rond de middenlijn de bal had veroverd, zocht hij zijn directe tegenstander Renato op en speelde hem door de benen. Hautain vervolgde hij zijn tocht naar de goal. Maar daar scheerde Edevaldo, ook wel *El Cuchillo*, Het Knipmes, genoemd, over het veld. Daar vloog Quansah door de lucht. Je kon het op de tweede ring van Nou Camp horen kraken. Het werd doodstil in het stadion. Quansah bleef liggen, zwaaide wild met beide armen om vervolgens in oerkreten uit te barsten. Je hoefde geen dokter te zijn om te weten dat hij er ernstig aan toe was. Eerst wilde de scheidsrechter hem nog tegenhouden, maar dat was nog nooit iemand gelukt bij De la Crosse. Toen hij aankwam, zag hij het direct: Quansah's onderbeen stond wat raar naar buiten gedraaid. Een geheide enkelfractuur. "Rustig jongen, knijp maar in mijn hand. We halen je van het veld. Eerst je been stabiliseren." Ondertussen trok hij zijn spuit met een cocktail van morfinederivaten uit zijn binnenzak, waarop de toegesnelde spelers ruimte maakten voor de dokter. Hij plaatste zijn naald en Quansah werd op slag rustiger. De la Crosse plaatste snel de spalk en Quansah kon het speelveld verlaten. Weg uit het stadion, snel door naar het ziekenhuis. De la Crosse bleef als altijd kalm onder de Spaanse furie die rond hen los barstte. Uit alle hoeken kwamen druk gebarende en schreeuwende colbertjes met badges en pasjes te voorschijn.

Zeeger Seedorf, verre neef van de grote Clarence, had zijn trainingspak al uit en Oranje kon weer met elf man verder. Tot ontzetting van alles en iedereen mocht de boosdoener Edevaldo op het veld blijven. Zijn charge bleef onbestraft, hij had immers ook de bal gespeeld volgens de leidsmannen, die ook na bestudering van de beelden bij hun beslissing bleven. De spelers van Oranje ontploften, wat Giariva op vijf minuten tijdstraf kwam te staan. Heitinga maande zijn spelers tot rust, maar niet nadat hij zijn ongenoegen in vloeiend Duits aan de Oostenrijkse scheidsrechters kenbaar had gemaakt.

De la Crosse reed ondertussen met loeiende sirene naar het universitair ziekenhuis Hospital de la Santa Creu i de Sant Pau van Barcelona, volgens hem het meest betrouwbare van Barcelona en omgeving. Hij was hier voor de start van het WK al eens geweest en had kennisgemaakt met een hoogleraar traumatologie, voor het geval dat. Het Spaanse ambulancepersoneel had voor het gemak - waarom zou je kalm blijven als je ook paniek kunt zaaien? - het zwaailicht aangezet en de ambulance werd geëscorteerd door twee loeiende politieauto's. Na een minuut of tien schreeuwde de chauffeur iets naar achteren. "*No comprende*", riep De la Crosse. Quansah, die twee jaar in de jeugd bij Valencia had gespeeld, verstond het wel. "Hij zegt dat Brazilië heeft gescoord."

Met veel omhaal werd Quincy Quansah de Eerste Hulp binnengereden. Uit alle hoeken en gaten kwamen witte jassen aangesneld. Als aasgieren op een kadaver, achtergelaten door een troep volgevreten hyena's.

"*Ola senoras, senores, De la Crosse, médico de Olanda. I need an X-ray and can you call the traumatologist? I mean right now?*"

Daar kwamen de foto's. De la Crosse had het goed gezien. Een mooie breuk net boven de enkel. Twee schroeven en een klein plaatje. Moest genoeg zijn. Nu nog een OK regelen. Op dat moment kwam prof. dr. Martinez met veel aplomb de kamer binnen. Het aanwezige personeel schoot onmiddellijk in de houding. Martinez kwam naar Quansah toe en sloeg hem hard op de schouders.

Quincy kromp ineen van de pijn.

"*Mr Quansah, I am a biek fan of yours!*"

"*Thank you*", stamelde Quincy. Martinez begon een verhaal over zijn eigen voetbalcarrière en zijn liefde voor Barcelona. De la Crosse vond het wederom tijd om Quansah te beschermen.

"*Sorry, my name is Pim De la Crosse, physician of the Dutch team and orthopaedic surgeon. We have here a Weber C fracture; can you arrange an operation room?*"

"*Sorry, I am professor doctor Gabriel Martinez, head of the traumatology of this University Medical Centre of Barcelona. I was watching the match so I came right away. But you want to operate yourself? Out of the question! Do you know who I am? They say I'm the best surgeon of Catalonia. I insist on doing this job myself.*"

"*The patient wants me to do it, so I think it's better this way.*"

Martinez dacht even na. Hij zag zichzelf al op de voorpagina van El Publico met een brede grijns en de witte voet van Quincy Quansah. De la Crosse maakte snel een inschatting:

"*Let's do it together and for the outer world you'll have done the job, okay?*" De la Crosse had een bloedhekel aan dit soort types dat zichzelf groter vond dan het ziekenhuis of de patiënt. Het ging hem altijd ten eerste om de patiënt, daarna om het ziekenhuis en dan pas om zichzelf. Daarom werd hij ook zo gewaardeerd in sportland; er waren zo veel dokters die hun graantje wilden meepikken. Uiteindelijk is iedereen op zoek naar zijn *fifteen minutes of fame*. Zo niet De la Crosse. Prof. dr. Gabriel Martinez voelde zich op waarde geschat en knikte instemmend.

"*Mr Quansah, we operate you immediately and we give you the best treatment in this hospital!*"

Toen Quansah in een operatiehemdje gestoken was en de OK op werd gereden, kwam een operatieassistent binnengelopen. Quansah, onder de morfine maar nog zo scherp als een mes door de adrenaline van de wedstrijd en de stress, vroeg aan hem of hij wist hoe het voetbal was afgelopen.

"1-1 Brazilië -Nederland en Paraguay-Senegal 1-3."

Martinez sloeg De la Crosse hard op de schouders.

"*Congratulations! Viva La Hollanda!*"

Hij maakt een vreugdedansje en sloeg De la Crosse nog een keer hard tussen de schouderbladen. Dat De la Crosse nu de operatiewasprocedure weer moest overdoen, kon Martinez niets schelen.

"Wat een rare kwast", mompelde De la Crosse, "dat gaat nog wat worden zo."

Gelukkig voor De la Crosse en voor Quincy Quansah verliep de samenwerking met professor Martinez voortreffelijk. Hij was inderdaad een toptraumatoloog, dat zag De la Crosse snel. Ze klaarden de klus in een zucht en bedankten elkaar voor de fijne samenwerking. Martinez vroeg of De la Crosse misschien nog interesse had in een Spaans avontuur, hij kon zulke sterke persoonlijkheden wel gebruiken. De la Crosse keek de goede man aan en zei: "Als u hierover morgen nog zo denkt, dan wil ik hier graag over van gedachten wisselen." Intussen droomde hij weg van mooie stranden, lekkere tapas, struinen over de Ramblas en wijntjes drinken op een van de fraaie plaza's. Hier ging hij zeker nog op terugkomen. De la Crosse gaf Martinez een hand, bedankte al het OK-personeel persoonlijk en sprak met Quansah af dat hij iedere dag even langs zou komen voor een update.

Toen de taxi hem terugreed naar het hotel, kreeg De la Crosse het warm van binnen. Vooral om dit soort spoedgevallen was hij arts geworden. Vervelend voor Quansah, maar gelukkig was Nederland toch door naar de volgende ronde. Al betekende dat concreet nog een week van huis. Nog een week weg van vrouw en kinderen en zijn eerste kleinkind, de kleine Casper. Maar dit was zijn werk, dit was zijn passie en wie weet kon hij de familie nog laten overkomen. Eén ding moest hij nog oplossen. De blik in de ogen van Bram. Die blik beviel hem helemaal niet. Intussen had hij ook gehoord dat Bram een draak van een wedstrijd had gespeeld.

23

Man, wat had hij het koud. Waar had hij dit aan verdiend? En wat zou er gaan gebeuren? Zat Breedvelds vriendin Simone soms ook hier? En wat waren ze met die jongen zelf van plan?

De eerste uren had Mario Been in shock doorgebracht. Na de korte bedwelming in de auto was de realiteit in de bunker in volle hevigheid tot hem doorgedrongen. Vier muren van beton, een ijskoude vloer en een indringende pislucht. Geen uitgang, geen daglicht. Nauwelijks geluiden, heel soms in de verte. Zat hij hier alleen? Het kon toch niet zo zijn dat er geen hulp kwam? Dat de politie niet ingeschakeld werd? Hij was nooit te laat, John zou direct actie ondernemen. Toch?

Hij ging maar eens liggen. De hulp zou zo wel komen. Wachten. Meer kon hij niet doen.

24

Die avond zat de complete selectie voor de *king size* videowall. Van Hintum had een compilatie laten maken van alle poule-wedstrijden. Veel kreeg je als voetballer niet mee van zo'n toernooi. Alle uitslagen en standen werden altijd netjes aangeleverd door Van Hintum. En anders vertelden de journalisten je dat wel. Voor beelden had je eigenlijk geen tijd. Je was vooral met jezelf en je team bezig. Voortdurend. Op de keper beschouwd was het maar saai. Slapen, eten, trainen, slapen, thee drinken, massage, verzorging, trainen, eten en slapen. Dag in, dag uit. Van spitsentrainer Bergkamp had Bram begrepen dat die sleur vaak het probleem was bij Oranje.

"Die sleur, die absoluut nodig is om tot rust te komen en dat te doen waar je voor gekomen bent, namelijk winnen, daar kan een Hollandse speler niet mee omgaan. Geloof mij, dat is mijn analyse van al die kampioenschappen waar het net niet goed ging, ook die waar ik zelf aan meegedaan heb."

Bram kon redelijk overweg met dit monnikenleven, zolang het maar een kop en een staart had en de staf af en toe iets regelde om de zinnen te verzetten. Zoals nu met een lekkere samenvatting van de mooiste sport van de wereld: voetbal. In vogelvlucht liet Van Hintum de wedstrijden voorbijkomen, te beginnen bij die van Oranje. Gejoel, gejuich en afgrijzen bij de wedstrijd tegen Brazilië met de beenbreuk van Quincy Quansah. Er waren ook verrassingen. Behalve Brazilië lag ook Kameroen eruit, het land dat toch als één van de favorieten aan het toernooi was begonnen. Bram vond het maar vreemd. In de samenvatting waren ze veel sterker dan de Verenigde Emiraten. Maar hun spitsen schoten veel te gehaast naast en over, alsof die jongens er een sport van maakten. In de voorbereiding hadden ze nog tegen 'de Ontembare Leeuwen' geoefend. Met veel kunst en vliegwerk wist Oranje er een gelijkspelletje uit te krijgen: 3-3. Maar dat was meer geluk dan wijsheid geweest. En die spitsen waren toen veel trefzekerder, dat was zeker. Maar het meest verrassend vond Bram toch wel de uitschakeling van Engeland. Brazilië had gewoon de pech van een onverwacht goed spelend Nederlands elftal. Maar Engeland, kom op hé, dat had toch gemakkelijk door moeten kunnen. Ook fronsten Bram en Tino de wenkbrauwen bij de beslissende wedstrijd tegen China. Twee penalty's onthouden en die keeper, Steven Shilton, zoon van recordinternational Peter, zag er niet helemaal lekker uit bij de vier Chinese goals. De meeste jongens schoven naar het puntje van hun stoel, vooral bij de beelden van Ghana en Spanje. Veel mooie goals, mooie reddingen. En natuurlijk zat ook Italië bij de laatste zestien, hoe weinig dat ook met voetbal te maken had. Tien man achter de bal, kont tegen de goal en hopen op een rottig countertje. Van Hintum had gelijk toen hij de oude Cruijff erbij haalde: "Die Italianen, winnen kunnen ze niet van je, maar je kunt wel van ze verliezen."

25

Bram en Tino babbelden op hun kamer wat na over de wedstrijd tegen Brazilië. Bram was wat stuurs. Hij realiseerde zich zelf ook wel dat hij beroerd had gespeeld. Voor je het wist zat hij op de bank. En dat kon niet gebeuren. Hij moest en zou spelen, dat was de opdracht van de gijzelnemers.

Er werd aan de deur geklopt. Dennis Bergkamp kwam binnen. Hij had een compilatie van de drie wedstrijden bij zich, met uitsluitend beelden van Tino en Bram. Unieke beelden van opzij en van boven. Er waren looplijnen op te zien en er kon uitgerekend worden hoeveel arbeid ze verricht hadden. Ook kon je zo goed bekijken of in bepaalde situaties andere keuzes gemaakt hadden moeten worden. En die kon je dan weer op je eigen harde schijf proberen op te slaan. Bergkamp hield altijd bij hoeveel goede aannames, voortzettingen, passes, tikkies, schoten en kopballen zijn spitsen hadden gemaakt. En natuurlijk welke verprutst waren. Die gaf hij je dan op papier.

Aan de hand van de beelden ontstond een boeiende discussie over het vak. Bergkamp had zelf als speler een duidelijke switch gemaakt. Van de liefhebber bij Ajax, via het superprofessionele Inter Milaan, waar alleen de overwinning telde en niets anders dan dat, naar het *boring* Arsenal, waar Bergkamp zijn voetbalvisie verder ontwikkelde en welhaast in zijn eentje, aan de hand van trainer Arsène Wenger, Arsenal tot een 'Swinging Soulmachine' omtoverde. Voornamelijk door iedere dag de training optimaal te gebruiken om een betere voetballer te worden. En die mentaliteit probeerde hij al jaren door te geven aan jonge talenten. Want die mentaliteit maakt uiteindelijk het verschil tussen top en absolute top, daarvan was Bergkamp overtuigd. En bij deze twee jongens had hij die instelling direct herkend. Ook zij wilden iedere dag beter worden.

"Kijk hier nog eens naar die bal tegen Senegal. Ik zet hem even stil. Je neemt hem met links aan, waar rechts eigenlijk beter is. Dan ligt hij goed en kun je hem ineens doorspelen op Tino. Nu neem je links, moet je doorspelen naar rechts en komt die verdediger ertussen. Kijk, dit is het bovenaanzicht, zie je. Tino staat helemaal vrij, dat had jij ook gezien, je dacht dat je geen tijd had, maar als je aanname goed is, dan heb je wel tijd. Jongens, aanname, aanname, ik blijf het herhalen, maar voor een spits is de aanname van de bal extreem essentieel. Zinedine Zidane noemde dat altijd *le controle*."

Zo'n onderonsje gaf Bram nieuwe energie. Niet dat er wat veranderd was aan zijn situatie, maar hij moest toch gewoon door. Er was geen andere uitweg. Dan maar zo goed mogelijk, met zo min mogelijk schade voor het elftal. Weg met dat nutteloze schuldgevoel. Dat had hem bij Tim ook nergens gebracht. Afwachten en op het juiste moment tot actie overgaan, dat was zijn credo.

26

Bernard van Strie nam zijn positie in op de perstribune. De Rotterdamse voetbalcommentator van de Sportshow was lekker in het toernooi gegroeid. Drie poulewedstrijden had hij al verslagen, waaronder de topper in poule D, ook wel de poule des doods genoemd: Spanje-Nigeria. Wat een wedstrijd was dat geweest zeg! Nigeria, toch wel één van de favorieten, was geëindigd met negen man, nadat de wedstrijd was ontspoord na een discutabele penalty. Nigeria had op dat moment een veilige 0-2 voorsprong. Van Strie had de penalty absurd genoemd en de heren scheidsrechters een regelrechte aanfluiting voor het arbitercorps. Opgewonden had hij de hoogste baas van de FIFA opgeroepen tot het nemen van maatregelen. Ach, Van Strie was niet vies van een beetje stemmingmakerij. Het was hem niet helemaal in dank afgenomen door de baas van de Sportshow, maar hij bleef als altijd achter zijn woorden staan. Dat die Nigerianen daarna met twee eveneens absurd te noemen aanslagen op de Spaanse spits Alcula zichzelf de das hadden omgedaan, en dat de scheidsrechters nog twee keer naar de penaltystip hadden moeten wijzen, had de wedstrijd alleen maar meer dramatische waarde gegeven.

Vandaag zat hij lekker op zijn plek in het stadion waar over enkele ogenblikken de achtste finale tussen Nederland en Peru zou beginnen. Voor dit kampioenschap had hij maar één doel: de finale verslaan. Nog nooit was het hem gelukt verder dan de kwartfinale te komen op het WK voetbal. Altijd viel de keuze op Van Vliet of Gruter, gewaardeerde collega's maar toch een stuk zakelijker en ingetogener dan Van Strie. Zijn beide collega's waren nooit op een gewaagde uitspraak te betrappen. Van Strie wel, controversieel als hij was. Daarom was hij ook zo populair bij de kijkers. Nu alleen zijn chefs nog.

"Goedenavond, beste kijkers, welkom in Malaga in Estadio La Rosaleda. Het stadion puilt uit, Oranje is de hoofdkleur en we hopen met zijn allen dat deze mensen over een dikke negentig minuten topvoetbal nog steeds zo vrolijk kijken. Dan moet er eerst worden afgerekend met de Adelaars van de Andes: Peru. Peru, één van de verrassingen van de eerste ronde, door Australië en USA in de poule achter zich te laten.

Aan de bal de centrale middenvelder van Peru, Quintes. Bij nader onderzoek blijkt hij een verre achterneef van de vermaarde middenvelder uit de jaren '70 van de vorige eeuw te zijn, Cubillas, Peru's grootste ooit. En eerlijk gezegd, hij heeft ook wel wat weg van zijn stijl. Sierlijk edoch ijzersterk in de duels. Technisch sterk, snel en met een natuurlijke drang naar de goal. Kijk hem gaan, hij draait weg bij Kruiswijk, dreigen, naar binnen, nou moet Van Meeuwen ingrijpen, hij komt te laat, Quintes gaat schieten: op de paal! Opruimen Dutselaar. Goeiendag, daar komen we goed weg! Volledig uitgespeeld en Van Zinnigen hoorde de bal alleen maar voorbijsuizen. Maar laten we zeggen dat zonder geluk niemand wel vaart en zeker niet op een Wereldkampioenschap!

Van Zinnigen, wat een uittrap. Ebonque controleert de bal op de borst, uitstekend gedaan. Draait naar binnen, steekbal, Breedveld, schieten nu, jaaa, oooh, schitterende reflex van keeper Morriera. En we houden er een cornertje aan over mensen! Mooie aanval van Nederland, sterk spel van Ebonque en goed ingeschoten door Breedveld.

Scheidsrechters Andersen en Aarhus blazen voor de rust. Het was voorwaar geen slaapverwekkende vertoning. Er waren kansjes, kansen en een paar keer goed keeperswerk aan beide kanten. Alles is mogelijk, maar wat duidelijk is: Nederland heeft een zware kluif aan dit Peru. Terug naar de studio, ik ben benieuwd naar de reactie van Ruud van Nistelrooy en Pierre van Hooijdonk.

Zoals u ziet is Oranje er weer klaar voor, ze staan al op het veld, terwijl de spelers van Peru langzaam het veld op komen drentelen. Ik ben het met de heren Van Hooijdonk en Van Nistelrooy eens dat

Holland meer druk moet zetten; zo goed zijn die Peruanen niet in de verdediging. Geen wisselingen te zien, was ook niet te verwachten. Hier in beeld Breedveld, bijna uit het niets is hij doorgegroeid naar een internationale topper, net als zijn maatje Tuhuteru, die ernaast loopt.

Vrije schop op een gevaarlijke plek, net buiten de zestien. Quintes legt de bal klaar. Jaja, hij stuurt Benitez gewoon weg van de bal, zo doe je dat. Er is maar één echte vedette in de ploeg. Maar van mij mag die Benitez hem wel nemen, die schoot hem daarnet naar vak P. Dat heb ik liever. Van Zinnigen zet die muur nou goed neer, volgens mij moet Tevreden wat naar links. Komt ie, komt ie, Quinteeeeeeeezzz!!! Jaa, neee!!! Van Zinnigen, jongen, wat een schitterende reflex! Hier ziet u het nog eens uit de andere hoek. Een snoeiharde pegel van Quintes, maar wat een ongelooflijke redding van onze aanvoerder. Ik weet niet hoe het bij u thuis zit, maar ik telde hem al. Gelukkig houden ze er slechts een hoekschop aan over. Weer die verduivelde Quintes achter de bal, het lijkt wel een eenmansbedrijf, dat Peru. Weggewerkt door Dutselaar, goed zo jongen. Kan Breedveld die bal nog halen? Dat kan ie, nu de diepte in. Gaan jongen gaan. Kijk links van je, daar loopt Tuhuteru. Hij ziet het. Komt die een-twee, die is goed, nee, net iets te hard, Breedveld glijdt, wat doe je jongen? Aaiiaaiiaai, mensen dat is een nare botsing en ik denk een behoorlijke overtreding van Breedveld. Maar zonder nare intenties zal ik maar zeggen. O, de scheidsrechters ziet het anders, tien minuten straf voor Breedveld! Vind ik overdreven, hoor. Hier zien we het al in de herhaling. Kijk, je ziet aan zijn ogen dat hij de keeper niet wil raken. Mijn god, hij doet geen vlieg kwaad deze jongen en dan toch die tijdstraf, ik vind het belachelijk! Maar Holland zal zich moeten wapenen, Peru zal nu wel komen.

Heitinga overlegt met Bergkamp en Wouters, hij zal iets moeten bedenken. Alle spelers zijn al warm, u ziet ze op de hometrainer zitten. Hé, daar trekt Numani N'Kunku zijn trainingsjack uit. Dat mag verrassend heten, die hebben we nog niet gezien. Maar kijk eens naar zijn ogen, die stralen kracht en hunkering uit. En het is verrassend genoeg Bram Breedveld die het veld moet ruimen. Breedveld, beste mensen, speelde niet overweldigend, maar was toch heel nuttig. Hij zal een pijntje hebben, of nee, ik denk dat Heitinga hem in bescherming neemt vanwege die tien minuten straf. Hij zal het hem toch niet kwalijk nemen? Nee, als hij maar een tikkie eerder bij de bal was geweest had Holland nu met 1-0 geleid.

Nou, beste mensen, dat gaat weer de goede kant op. De wissel van de bondscoach lijkt goed uit te pakken, want Peru zakt wat in. Giariva weer, wat een interceptie, daar heeft hij er vandaag al minimaal tien van gemaakt. Stuurt Tuhuteru diep, ja dat haalt ie, maar waarheen? Achteruit naar Kruiswijk, die kijkt eens en ziet op links de zwaaiende N'Kunku. Gaat die bal heen, komt aan, aanname, schitterend, wat een controle en hij gaat door, langs Benitez, gaat ie schieten, hij gaat schieten, komt dat schot: doelpunt! Lievehemeltjenogeensaa ntoe! DOELPUNT, DOELPUNT, NEDERLAND OP 1-0!!! De naam is Numani N'Kunku en de bal was hard, de bal was héééél hard. Keepertje naar de hoek, maar volstrekt kansloos op deze kanonskogel van De Maestro van Marseille, de Overwinnaar van Olympique, Numani N'Kunku!!! Mensen, dit kon wel eens de beslissing zijn met nog negen minuten op de klok. Mensen, mensen, Oranje staat voor en wat een heerlijk doelpunt zeg. Laten we er nog eens naar kijken. Die aanname, die controle, die blik in zijn ogen en hatsiekadee, daar gaat ie. Dondersnogantoezeg, ik zeg u, zelfs in de herhaling is ie nog niet te volgen. Kijk die keeper eens kijken. Die is het kwijt zeg, die is het volledig kwijt. Nou trainertje, dat heb je goed gezien met die jongen! Laten hongeren en dan naar de prooien sturen. Hupsakee, erin en scoren met die handel! Maar laten we de huid niet verkopen voor de beer geschoten is. Alle ballen het stadion uit mensen, kan ons het schelen! We halen de kwartfinale, dat is een prestatie van formaat! Alle ballen op N'Kunku, daar krijgt ie 'm weer. Daar gaat ie, gaat ie weer schieten? Ja, ja, ooooh jammer, net naast. Nou jongen, die keeper wordt er bleek van zeg. En zie ik dat goed, we gaan de laatste minuut in. En u weet het: absolute tijd telt tijdens dit toernooi. De Peruanen zetten nog één keer aan, houdt ze tegen mannen, houdt ze tegen. Komt een hoge bal. Daar is ook Van Zinnigen, zie hoe hoog hij komt en hij heeft hem klem. En jaaa, jaaa, jaa, daar klinkt het eindsignaal! ORANJE IN DE KWARTFINALE!!!"

27

Gezamenlijk keek de selectie de volgende dag naar de samenvatting van de kwartfinales op de Sportshow. Niet iedere voetballer was hier een voorstander van. Je had jongens als Quansah en Seedorf, die op het veld altijd volle bak gaven, maar zich daarbuiten liever met pakken, paardenraces en andere pk's bezighielden. En je had spelers als Tuhuteru, Tevreden, Kruiswijk en Breedveld, die je ook voor een samenvatting uit pakweg de Portugese competitie wakker kon krijgen. Maar vandaag kon al dat voetbal Bram gestolen worden. Stilletjes zat hij achter in het zaaltje, weggedoken achter Seedorf. Hij voelde een grote chaos van binnen, maar hij wist het goed verborgen te houden. Toen Tino informeerde waarom hij zo stil was, mompelde Bram dat hij baalde dat Simone er nog steeds niet was. Gelukkig vroeg Tino niet verder.

Sportshow begon. De kwartfinalisten waren bekend en er zaten opnieuw verrassingen tussen. De afgang van topfavoriet Duitsland sprong er natuurlijk uit: met maar liefst 4-0 afgedroogd door Ghana. En de goals waren wel heel gemakkelijk gevallen. In een paar gevallen ging keeper Eigenwasser niet geheel vrijuit, net zomin als centrumverdediger Ohnegeil. Nog sensationeler was de wedstrijd Italië – Marokko verlopen. Marokko had de Italianen alle hoeken van het veld laten zien, maar twee vroege rode kaarten en vier tijdstraffen van tien minuten hadden een allesbepalende invloed op de wedstrijd gehad. Alle straffen waren op zijn zachtst gezegd discutabel geweest. Net als één penalty van de Italianen. De tweede strafschop, waardoor Italië tien minuten voor tijd op 2-0 kwam, was wel terecht geweest. Linksachter El Gouradalji was om een onnozele overtreding al met een tijdstraf van tien minuten weggestuurd en koud op het veld had hij de linker-achillespees van de uiterst irritante spits Antognioni doorkliefd. Marokko speelde toen al met één man minder en twee man op de strafbank. Sensationeel was ook de clash tussen wereldkampioen China en aartsrivaal Japan. Beide ploegen hielden open huis en speelden vol op de aanval. Voor de liefhebber een wedstrijd om van te smullen. Een wedstrijd die tot het laatste moment nog beide kanten op kon. Na 120 minuten speeltijd trok Japan aan het kortste eind: 4-3.

In de kwartfinales stonden de volgende wedstrijden op het programma:
Nederland – Ghana
Spanje – Frankrijk
Argentinië – Ivoorkust
Italië – China

28

"Wat is er aan de hand, man? Je ligt te kermen als een speen-
varken. Ik hoor je de hele tijd om Simone roepen. Is het zo erg met
je?"
Bram schrok wakker en keek recht in het gezicht van Tino. Niets
zeggen. Geen woord, hoe graag hij zijn maatje ook in vertrouwen
wou nemen. Hij zou daarmee een veel te groot risico nemen. Met
Simone én met Been. Dan in godsnaam maar iets over zijn waar-
deloze vorm en de angst voor zijn plek in de basis. Tino's gedachten gingen deze dagen toch niet verder dan stiftjes, pana's en aka's.
En als die jongen lag te snurken, kon je zijn striemende schoten en
knoertharde kopballen bijna horen.
"Sorry jongen, het gaat voor geen meter. Nu ook al niet op de training. Straks zit ik gewoon op de bank."
"Luister, van Bergkamp krijg je alle steun van de wereld en ook
van Heitinga, zeker weten. Ook zonder Been blijf jij gewoon de
spits van Oranje. En als je af en toe een balletje aflegt, komt het
allemaal goed. Kom, ga lekker slapen, hebben we hard nodig."
Tino draaide zich om en was in no time vertrokken.

Bram lag in bed te woelen. Als hij al in slaap viel, doken steevast beelden op van Simone. Akelige beelden waren het. Behalve
over ontvoeringen en mishandelingen, droomde hij over vroeger,
over zijn broer Tim, schaatsen en brekende ijsplaten. Zonder de
slaappillen van oom Pim zou hij helemaal geen oog dichtgedaan
hebben. Hij draaide op zijn zij, linksom, rechtsom, op zijn rug, op
zijn buik. Steeds weer die onrust, steeds weer dat piekeren. En hij
moest zijn rust pakken. Hij probeerde wat Thai Chi oefeningen.

Inademen, uitademen. ontspannen, inademen, uitademen, ontspannen. Gek werd hij ervan.

Een paar glazen wijn zouden wonderen doen. Maar dat was uitgesloten. Drank op de kamer was er niet bij. Dit kon niet lang meer doorgaan.

29

Het feestje na het bereiken van de kwartfinale lag achter hen en het was hoog tijd voor een grondige evaluatie. Wie iets wilde bereiken in de topsport mocht niet op zijn lauweren rusten; dat had John Heitinga in de loop der jaren wel geleerd. De gehele technische staf zat klaar en Heitinga nam gedecideerd het woord.

"Mannen, we mogen trots zijn op onszelf en het elftal, maar ik heb heel sterk het gevoel dat er meer in zit. We kunnen naar een fantastische prestatie groeien. Laat ik vooropstellen dat het vertrek van Mario een behoorlijke aderlating is, maar ik vind dat we dat met zijn allen uitstekend hebben opgevangen."

"Toch heb ik er moeite mee. Hoe kan die gast er nou zomaar tussenuit knijpen? En waarom heeft hij het niet persoonlijk aan ons verteld?" zei Lodewijks. "Geloof me, Patrick, hij heeft er een goede reden voor. Na het toernooi krijgen we tekst en uitleg. Wij als eerste. Hij heeft me nadrukkelijk gevraagd ons te concentreren op het voetbal."

Wouters viel hem bij: "Zolang ik Mario ken, heeft hij nooit dingen zonder reden gedaan. Laten we op hem vertrouwen."

Heitinga wist niet hoelang hij nog toneel kon blijven spelen. Eén ding wist hij wel: Been zat niet thuis naar het toernooi te kijken.

"Laten we het elftal nog even doornemen. Van Zinnigen in de goal: uitstekend."

"Hij heeft ook een uitstekende keeperstrainer", grijnsde Lodewijks.

Bergkamp stond op en begon te applaudisseren. "Staande ovatie voor Patje. Gaat Zinnigen het net zo lang volhouden als zijn Grote Voorbeeld? Wat is het geheim? Die gemalen haaienbotten die

Jantje Heintze uit Denemarken liet komen?"

"Staat in elk geval niet op de dopinglijst", reageerde De la Crosse.

De spanning gleed van Heitinga's schouders. Gelukkig viel er ook zonder Been nog genoeg te lachen met deze mannen. Wel bij de les blijven: "Achterin ben ik heel tevreden over Van Meeuwen, Jonk, Dutselaar en Giariva. Weegeloo zit ertegenaan, viel goed in tegen Brazilië, maar ik geef toch het vertrouwen aan de eerste vier."

"Mee eens, laten staan die jongens", zei Wouters.

"Mwaah, Weegeloo is lekker scherp. Volgens mij is hij de enige die Amokawi kan belopen, John." Sneijder keek Heitinga vragend aan. Die gaf geen krimp: "We doen morgen geen mandekking, Wesley, onbegonnen werk. Die jongens zijn veel te snel en wisselen te vaak van positie. Gewoon in de zone, meelopen en overnemen. Laat die gasten maar lopen. Bij mandekking trekken ze ons helemaal open. Als ik zie dat het niet gaat, komt inderdaad Weegeloo op Amokawi te spelen, maar realiseer je dan dat we een man kwijt zijn in de opbouw." Zonder adempauze ging hij door: "Middenveld. Quansah houden we zo veel mogelijk bij de groep. Vooral op de wedstrijddagen. Seedorf heeft hem goed vervangen, al blijf ik erop hameren dat hij directer moet spelen en niet te dwingend moet worden."

"Mee eens, John", knikte Bergkamp. "Ik heb gisteren een lang gesprek met hem gevoerd. Geen verkeerd ventje hoor, maar hij is net als zijn oom, zo ongelooflijk trots. Je moet echt op je woorden letten. Maar hij begreep uiteindelijk wel wat ik van hem wilde. Vrije schoppen en corners zijn nu voor Kruiswijk en Van Dinteren. Moet hij gewoon afblijven. En je actie maken, maar niet altijd die eindpass willen geven. Ik moet zeggen, op de training vandaag ging het goed."

"Uitstekend zelfs Dennis, hij speelde voortreffelijk", beaamde Sneijder.

Heitinga was duidelijk: "Dinteren, Kruiswijk en Luijendijk staan vast, met Soudijn als optie."

"Ik zou toch Simon inzetten", zei Wouters.

"Te beperkt. Een tijger in de duels, maar de voortzetting is zwak.

Beetje jouw type Jantje, maar jij had tenminste nog een passje of een steekballetje in huis." Weer kwam er een staande ovatie van Bergkamp: "Wouters, bij de middencirkel, kappen, tikt die bal door op Bergkamp. En hij scoort, mensen, *yes*, Bergkamp scoort hier op Wembley. *It's Burgkemp again. What a genius! Indeed.* Geeeeniale goal. Maar wel eerst die Gascoigne verbouwen…"

Wouters graaide in het schaaltje olijven: "Eigenlijk vond ik die tegen Polen net zo mooi. Die keeper keek zijn ogen uit."

Bergkamp lachte: "Waar hebben we het over? 1995. Speelde jij nog bij de E-tjes, Johnny."

"Okay, we zijn het eens, begrijp ik", ging Heitinga verder. "Morgen hebben we een voetballer nodig die onze spitsen kan bereiken. Ik kies voor Seedorf. Voorin doet Tuhuteru het prima. Tino levert veel arbeid en hij komt een beetje op schot, ook in de training. Breedveld vind ik minder. Begon fantastisch tegen Paraguay en Senegal. Maar de laatste twee wedstrijden waren naadje. Er is iets met hem aan de hand en ik weet niet wat. Ook in de groep is hij iets teruggetrokken. Weten jullie wat er aan de hand is?"

"Nee, ik heb hem er gisteren op aangesproken, maar hij liet niets los. Een binnenvetter die jongen. Maar vandaag op de training was hij toch weer dodelijk", zei Bergkamp.

"Klopt, en daarom laat ik hem ook staan. Je weet het niet bij hem, hij hoeft niet in vorm te zijn om toch zijn doelpuntjes mee te pikken."

"Maar John, je kan toch niet om Keijzer heen, die jongen barst bijna uit zijn voegen van ambitie", interrumpeerde Sneijder.

"Ik weet het, maar Tino en Bram spelen veel beter samen en zijn samen sterker dan Keijzer in zijn eentje. Tenzij hij achter de spitsen wil spelen, maar dat verdomt hij."

"Wacht maar. Vandaag in het partijspel liet hij zich al iets meer zakken. We maken hem helemaal gek op de bank en zodra hij erin komt, schiet hij je naar de volgende ronde", zei Bergkamp.

"Keijzer, Ebonque en N'Kunku achter de hand. Luxeprobleem. Heerlijk toch? Hebben we na Kuijt, Van Nistelrooy en Huntelaar niet meer gehad. Komen we morgen achter, dan gooi ik er een aanvaller bij en haal ik Seedorf eraf."

30

De spelers hadden een vrije ochtend gekregen van de staf en Tuhuteru, Breedveld, Luijendijk en Van Meeuwen besloten tot een rondje shoppen in Tarragonna. Vandaag even geen FIFA-spel op de personal, hoe spannend de competitie ook was die Van Zinnigen had opgezet.

Vanaf een terrasje keken ze om zich heen. Even weg van alle drukte. Die Spanjaarden waren daar meesters in. Rust nemen, ergens koffie of een goed glas wijn pakken, alles op zijn beloop laten. Bram zat wel vaker te dromen van een Spaans avontuur. Barcelona of Madrid waren misschien iets te hoog gegrepen, te hectisch ook, maar misschien was een club in het zuiden wel veel lekkerder: wat te denken van Sevilla, Màlaga of Càdiz. Waarom niet eigenlijk? Simone ging wel mee. Zijn hart kromp ineen: waar zat ze? Wat deden ze haar aan?

"Zo, zag je die Amokawi van Ghana gisteren op de Sportshow? Man, man, wat is die sterk zeg! En schieten, jongens! Hoe pakken we die gozer aan?"

Tino had zoals gebruikelijk het hoogste woord.

"Nou, ik vond dat die Eigenwasser niet vrijuit ging. En die dekking van die Duitsers sloeg ook nergens op bij de tweede en derde goal. Eigenlijk waren ze allemaal houdbaar, die doelpunten. En die penalty die ze kregen, dat was toch een cadeautje?"

"Ach, wat kan mij het schelen, *alles ist vorbei für die Mannschaft!*"

"Zitten ze al in het vliegtuig dan? Ik geloof het pas als ze geland zijn en uitstappen, en dan nog komen die Duitsers in de finale verkleed als Brazilianen het veld op!"

"Hebben jullie die Batista gezien, niet te zuinig! Normaal is die gast heel flex, weet je. Maar nu? Die had gisteren wel tien kansen nodig om er ééntje in te prikken. Die Batista is dit toernooi niet cool, man."

"Misschien geblesseerd, problemen met de coach?"

"Gabriel wil weg bij Real, ik heb hem vorige maand gezien in een tent in Madrid. Maar hij heeft nog een contract van drie jaar. Gaat hem veel geld kosten. Maar eh, volgens mij heeft hij problemen thuis. Mijn god, die gozer praat alleen maar horizontaal met een vrouw."

"Nou Tino, ik hoorde dat jij ook lekker doorpakt in Barcelona."

"Hoezo, van wie, wat bedoel je?"

"Staat in de bladen, volgens mijn vrouw."

"Wat een gelul zeg! Nee man, bij bosjes dienen ze zich aan, maar jij denkt toch niet dat ik mijn huwelijk en mijn kinderen op het spel zet? Wat dat betreft ben ik net als Brammetje."

"Hè? Wat zei je?"

"Buenos dias, senor Breedveld, *this is your wake up call!"*

"Zo! Nou, Bram, effe d'r bij blijven. Zag je die? Wat een kontje."

Maar Bram keek strak voor zich uit en zijn blik bleef rusten op een historisch pand, vijfhonderd meter verderop. Het was een plaatselijk toeristisch informatiecentrum. Plotseling stond hij op.

"Hé, wat ga jij doen, achter dat wijfie aan? Wij zeggen niets."

"Ben zo terug!"

Tien minuten later kwam Bram terug met een gedetailleerde kaart van de omgeving. *"Todos viajes"*, had de verkoopster gezegd: "Alle wegen."

"Wat moet je daar nou mee, wandelen?"

"Gewoon, als we de halve finale halen, regel ik een fietstochtje."

"Tering, ik ben Lance Armstrong niet."

"Zeg eh, *by the way*, wanneer krijgen we die Simone van jou weer eens te zien?" Bram schrok. Zou Luyendijk iets in de gaten hebben?

"Ze zit nog in Tibet, voor een seminar. Bellen lukt niet met die bergen daar. Morgen gaat ze Ghana missen, maar daarna komt ze zeker nog."

"Dat zou ik echt niet trekken hoor, zo lang."

31

De incheckbalie was al dicht, maar de vriendelijke grondste-wardess lachte verlegen toen ze begreep dat hij de broer was van Bram Breedveld. Marnix nam een slok champagne; ze zaten niet voor niets in de star class. Hij verheugde zich op de komende dagen: Anne-Fleur had een leuk hotelletje aan de Spaanse Costa geboekt en hij kreeg straks een fijne pot voetbal op de koop toe. Bram had kaarten geregeld voor de hele familie, zelfs Karlijn zou langskomen. Wel jammer dat Simone niet kon. Bram had verteld dat ze nog naar Hong Kong moest voor haar werk. Marnix had haar niet meer te pakken gekregen, ook niet op haar personal. Dat was vreemd. Wie was er nou niet op zijn personal te bereiken? Marnix wist niet eens hoe hij dat ding moest uitzetten. Altijd bereikbaar zijn, stel je voor dat je iets mist. Eén dag iets missen, is één dag niet leven!

In Spanje pakten ze nog een training van Brammetje mee, waarna ze heel kort konden bijkletsen. Zijn broertje leek zenuw-achtig en Anne-Fleur had opgemerkt dat ze geen contact met hem kreeg; maar ja, wat wil je, zo vlak voor een kwartfinale op een wereldkampioenschap?

Goed eten voor de wedstrijd is altijd belangrijk. En vooruit, zo'n fijne Rioja kon er ook nog wel af. Licht aangeschoten liepen ze met de familie op weg naar Estadio Sanchez Pizjuan, thuis-haven van Sevilla en Betis Sevilla, beide uitkomend in de Primera Division. Lopen was het makkelijkst, je volgde gewoon de Oranjezee. Zingende en brallende Hollanders naast dansende en trommelende Afrikanen.

Bram had voor prima zitplaatsen gezorgd. Hun ouders zaten

links naast hen. Rechts zat de familie Tuhuteru, onder en boven hen de overige spelerfamilies. Toen de spelers het veld opkwamen, stond Marnix toch even met zijn ogen te knipperen. Zijn broertje stond daar doodleuk in een Oranjeshirt op het WK. Dat had hij maar mooi geflikt.

"Daar gaat Tino, daar gaat ie, doe het jongen!"
En Tino deed het. In de 23ste minuut reageerde hij alert op een foute terugspeelbal van BoaBoa, de centrale verdediger van Ghana, uitkomend voor het Portugese Benfica. Tino omspeelde de keeper om vervolgens koel af te ronden.

Ghana's bondscoach Pierre Le Grand, na zijn successen met RC Sochaux aangesteld als de nieuwe verlosser, reageerde onmiddellijk. Hij bracht Amokawi in, de licht geblesseerde aanvaller van Chelsea. Een hele wedstrijd kon hij niet aan, maar nu was de nood aan de man. Nederland moest teruggedrongen worden. De backs Van Meeuwen en Dutselaar werden tureluurs van de acties van Amokawi en onder zijn impulsen verschafte Ghana zich een overwicht. Vier minuten na rust, Ghana had binnen twee minuten drie corners afgedwongen, bracht Amokawi met een knalharde kopstoot de stand op 1-1. Dutselaar ging nog wel mee de lucht in, maar kwam zeker een halve meter tekort. Ook doelman Van Zinnigen was kansloos. Na de gelijkmaker ging het tempo in de wedstrijd omlaag en Nederland kreeg weer enigszins vat op de Ghanezen, zij het dat hun uitbraken levensgevaarlijk bleven. Zeker toen Dutselaar na een onbeholpen overtreding op Amokawi voor tien minuten het veld uit moest.

"Schiet dan, Brammetje, schiet dan. JAAAH, NEEE!!! Aaach, jammer. Jongens wat een knal zeg!" Bram had vanaf de rand zestien meter uitgehaald en keeper Bomagumba had zich katachtig naar de hoek gestrekt en de bal uit het doel geranseld. Corner voor Nederland. Deze ging erin. Dat wist Marnix zeker. Hard sloeg hij zijn buurman op de schouders.
"Schieten Luijendijk, schieten, jaaa, heee, scheids hands, hands man, daar moet je voor fluiten! *Yes*, hij legt hem op de stip."

Verdediger Yakoba was op de doellijn in een reflex naar de bal gedoken en had de bal met zijn linkerhand uit de hoek geslagen. Zuivere penalty en vijf minuten tijdstraf, dit kon niet anders geïnterpreteerd worden.

Bram keek even naar Tevreden, maar die knikte naar hém. Verdorie, hij moest hem nemen. Moest hij weer een penalty nemen! De twijfel sloeg hem om het hart. Hij zag ook Heitinga naar hem wijzen. Wat moest hij doen? De afgelopen nachten spookten door zijn hoofd. De man met de snor, de rit met blinddoek, de harde handen van de bewakers, de dreigingen, de angst om Simone. Vooral de angst om Simone. Hij wilde wel door de grond zakken, hoe bevrijd hij zich ook had gevoeld zodra hij op het gras stond. Weg hier vandaan, ver weg van al die priemende ogen en snorrende camera's. Was hij nog maar Brammetje Breedveld uit Arnhem, op zaterdagochtend op een achterafveldje.

Tegelijkertijd voelde hij een serene rust over zich komen. Hij ging hem missen. Moest hem missen. Dat was de oplossing. Dit moest hij doen voor Simone.

"Jemig, Bram gaat hem nemen." Marnix stootte Anne-Fleur nog maar eens aan.

"Doe het jongen. Gewoon in de hoek plaatsen. Hatsiekadee Brammetje."

Bram legde bal goed, maakte een korte aanloop en schoot. Blind en hoog. Over en naast.

"Jeeezus, hij schiet 'm over! En niet zo'n klein beetje ook! Verdorie, Bram wat doe je nu? Hij schiet hem gewoon over. Maar wacht even, die keeper bewoog te vroeg, shit, die Ghanees stond voor de lijn, scheidsie, kom op!"

Hevig teleurgesteld ging Marnix weer zitten.

Bram nam intussen de schouderklopjes en geruststellingen van zijn medespelers in ontvangst. Maar hij wist wel beter. Dit was het beste wat hem kon overkomen. Hij was vrij. Nu maar hopen dat die Ghanezen scoorden. Of op zijn minst dat er shoot-outs zouden komen. Kon hij nog een keer missen. Bram liep diep in gedachten over het veld en had niet in de gaten dat de bal zijn kant op rolde. Een schreeuw van Kasper Kruyswijk haalde hem terug op aarde, maar het was te laat. De bal rolde over de zijlijn. Hulpeloos keek Bram om zich heen.

Je hoefde niet te kunnen liplezen om te zien dat Wouters hem wilde wisselen. Maar Heitinga liet hem staan. Bram herpakte zich, opgelucht dat hij niet gewisseld werd. De woorden van de man met snor echoden in zijn hoofd:

"You must play the full ninety minutes."

Misschien kon hij bij een corner zijn man nog eens laten lopen.

Tino liep zich ondertussen op te vreten. Zag hij dan als enige dat die Ghanezen te pakken waren? "Gewoon blind naar voren knallen!" riep hij tegen de verdediging bij weer een corner van Ghana. Bram dacht nog dat die gasten beter Van Zinnigen te grazen hadden kunnen nemen, want Sam keepte werkelijk de sterren van de hemel. Tot teleurstelling en vreugde van Bram. Waarom stond hij eigenlijk op het veld? Om te verliezen, om niet te winnen, om expres kansen te missen? Hoe lang hield hij dit nog vol? En hoe lang hield Simone dit nog vol?

"Ros die bal toch naar voren Dutselaar! Juist ja, zo! Let op, Tino heeft hem, hij is erdoor! Lopen jongen! Ja hoor, daar gaat ie!"

En Tino liep. Hij trok zijn snelste sprint ooit, draaide het strafschopgebied binnen en streepte de bal achter de Ghaneze doelman: 2-1 voor Oranje! Marnix' oerkreten moeten in Barcelona te horen geweest zijn. "We pakken ze, we pakken ze, klasse Tino, klasse!" Met nog vijf minuten op de klok moest Oranje dit karwei kunnen klaren. Ballen werden de tribune in geroeid. Bram en Tino speelden tijdrekkertje voorin, alles was geoorloofd.

"Goed zo jongens, goed zo, hupsakee de tribune in met die bal! Kan jou het schelen. We gaan ze pakken!"

Bram liep gearmd met Tino van het veld. Zijn gedachten bij Simone, zijn gevoel verdeeld over haar en het voetbal. Maar wat had hij meer kunnen doen dan dit? Hij had echt moeten mikken om die penalty over te krijgen. Nee, ze moesten haar laten gaan nu. Hoewel hij ergens ook wel beter wist. Zolang Oranje nog in het toernooi zat, wist hij dat zijn vriendin als chantagemiddel gebruikt werd. Lang hield hij dit niet meer vol, hij moest iets doen. Maar waar haalde hij de kracht en de ingevingen in hemelsnaam vandaan?

Bij het handen schudden met de scheids- en lijnrechters, bespeurde hij een vreemde blik in de ogen van een van de scheidsrechters. Het leek wel alsof die Klesnic zelf ook van Oranje had verloren. Of verbeeldde hij zich dat maar?

32

Interviews, nabeschouwingen en volslagen onbekenden de hand drukken. Voor profvoetballers was er geen ontkomen aan. Bram was er vrij snel aan gewend geraakt. Niet te veel loslaten tegen de pers, altijd een kwinkslagje inbouwen en verder vooral bescheiden blijven en de teamprestatie roemen. Ook als het niet ging. Nog erger waren de sponsorverplichtingen. Voor je het wist zat je met twintig gestreepte pakken opgescheept, die je allemaal gingen uitleggen hoe de trainer dan wél had moeten spelen, of je werd verzwolgen door een dampende, dansende Oranjemenigte.

De avond na de kwartfinale tegen Ghana was Bram aan de beurt om in het sponsorhuis te verschijnen, samen met linkshalf Simon Soudijn. Bram zag normaal gesproken al huizenhoog op tegen dit soort avonden, en onder de huidige omstandigheden was zijn weerzin alleen maar groter geworden. Gelukkig zou ook zijn familie van de partij zijn. Dat was tenminste nog iets. Maar tegelijkertijd was het extra confronterend. Zou hij zijn geheim voor zich kunnen houden? En zou hij in de gaten worden gehouden door die gasten?

Manager Van Hintum reed hen naar het Holland Heineken Huis. Het was een gezellige bedoening. Volkszangers als Jantje Smit junior en Guus Meeuwis senior volgden elkaar in rap tempo op. De hoogblonde New Chick on the Block, Vanessa Vermeer, zong de sterren van het dak. Bram was fan, maar in deze ambiance kwam ze niet tot haar recht. Van Hintum loodste de heren naar het podium, want er moest natuurlijk wat te juichen zijn. Opeens voelde Bram een stevige omhelzing. Benauwend, maar direct herkenbaar. Dit was de vertrouwde wurggreep van zijn oudere broer Marnix. Vóór Bram het wist hingen ook zijn schoonzus Anne-Fleur en zijn moeder om zijn nek. Dat voelde toch wel weer vertrouwd en met die harde muziek viel toch niets te bepraten. Dat kwam goed uit. Er volgden wat schouderklopjes en kleine traantjes bij zijn moeder, die Bram niet helemaal kon plaatsen, maar dat was hij wel gewend van haar. Had vast met Tim te maken.

Ze kwamen nauwelijks verder in de uitgelaten menigte. Was dit dan het volk waarvan zij het vaderland mochten vertegenwoordigen? Kon je toch beter op het veld staan.

Op het podium lieten de twee internationals zich als makke schapen fêteren, allebei licht gegeneerd onder zo veel aandacht. Alles went, maar Simon en Bram wisten zich geen raad met de Oranje massahysterie. Bij hun clubs Feyenoord en AZ hadden ze al wat hectische taferelen meegemaakt, maar dit sloeg alles. Alsof carnaval samenviel met Koninginnedag en de Elfstedentocht.

Bram liep naar het toilet, onderwijl high fives uitdelend. Marnix liep met hem mee. Gebroederlijk gingen ze bij de piesbakken staan.

"Volgens mij deed je het erom, die penalty."

Wat wilde hij zijn broer graag het hele verhaal vertellen. Misschien dat Marnix het kon oplossen. Dat was uitgesloten. Hij wilde niet ook hem in gevaar brengen. Bovendien was Marnix al veel te ver heen.

Daar had je Van Hintum al. Die kenden zijn spelers veel te goed om niet te weten dat Simon en Bram hier geen minuut langer wilden blijven dan strikt noodzakelijk, ondanks de aanwezigheid van vrienden en familie. Dat kwam na het WK wel weer.

"Marnix, een fijne avond verder, we moeten gaan."

"Hé, saaie gozer, ben ik daar zo'n eind voor gevlogen? Nou, nou, mooie broer ben jij." En Marnix ramde zijn broer nog eens stevig op de schouders en drukte hem hard tegen zich aan. "Brammetje, Brammetje, wat zou het mooi zijn geweest als kleine Tim je had zien spelen. Als hij mee had kunnen doen. Ik ben zo trots op je", fluisterde hij in zijn oor. Marnix moest snikken en ook Bram kon zijn emoties amper de baas. Hier op een ranzig toilet in een sponsorhuis in Sevilla, zei zijn broer, beneveld door succes en drank, in één zin meer over hun grote familiedrama dan hij ooit had gedaan. Marnix herstelde zich snel en greep Simon Soudijn, die hij pas één keer eerder had ontmoet, vast in een innige omhelzing.

Even later begon Marnix uit volle borst "Wij houden van Oranje" te zingen en kreeg onmiddellijk bijval van andere toiletgangers, met volle of net geleegde blaas. Bram, Simon en Van Hintum maakten zich snel uit de voeten.

33

Een dag na de overwinning op Ghana lag Bram 's nachts te woelen in zijn bed. Met een paar spelers hadden ze naar de spectaculaire kwartfinale tussen Ivoorkust en Argentinië gekeken, met de zenuwslopende shoot-outs waarin keeper Tarantino de absolute hoofdrol had opgeëist. Liefst zes van de tien shoot-outs wist hij te verijdelen, een wereldrecord! Wat een armen, wat een sprongkracht en vooral wat een stalen zenuwen, deze Tarzan Tarantino! Toch was Bram nooit zo onder de indruk van de keeper van een tegenstander. Hij had al met zo veel goede keepers getraind. Vroeg of laat ontdekte hij hun zwakke plekken. En ook deze Tarantino had ze, daar kwam hij nog wel achter.

Bram had meer zorgen om Simone. Hij moest iets ondernemen. Die middag had hij de route naar de vermeende haciënda in kaart gebracht. Tino en Mathijs hadden hem gestoord toen hij op zijn kamer de afstanden aan het uitrekenen was. Snel had hij de papieren weggemoffeld. Daarom lag hij nu te hoofdrekenen in zijn bed. Ongeveer vijf minuten op de verharde weg. Dat komt overeen met vijf minuten 80 km per uur = zeven kilometer in totaal. Bij een snelheid van 20 km per uur op de fiets maakt dat ongeveer twintig minuten. Plus nog eens tien minuten in de auto op een zandweg met 40 km per uur en een paar minuten hotsen en klotsen met zo'n 20 km per uur. Dat kwam grofweg neer op drie kwartier fietsen. Geen probleem, want fietsen kon Bram als de beste. En sponsor Raleigh had de selectie fietsen geschonken om de omgeving te verkennen.

Toen hij klaar was met zijn rekenwerk, keek hij naar het bed van Tino. Die was in diepe slaap verzonken. Nu of nooit.

Bram gleed uit zijn bed, schoot in zijn kleren en sloop de kamer uit. Hier begon hij handig in te worden. Dakterras, regenpijp en achterom, want daar stonden de fietsen, gelukkig niet achter slot en grendel. Hij toetste de code van het slot in en sprong op zijn fiets. Het was twee uur in de nacht. Gek eigenlijk, gespannen was hij zeker, maar bang was hij niet. Hij wist dat deze nacht hem een stap dichter bij Simone ging brengen, dus er was geen ruimte om bang te zijn. Simone zou wel eens veel banger kunnen zijn. Voor de zekerheid had hij de kaart op zak, maar de route zat helemaal in zijn hoofd.

Eerst naar het bord 'Tarragonna 10 km', daar waar het allemaal begonnen was. En dan rechtsaf de verharde weg op. Geen kip te bekennen. In de verte het gloeiende licht van de stad Tarragonna. Hij zag koplampen opdoemen, zo'n kilometer van hem vandaan. Meteen schakelde hij zijn dynamo uit. Niemand mocht hem zien. Snel de bosjes in. De koplampen plaatsten hem een kort moment vol in de schijnwerpers. Hij kneep met zijn ogen. Gelukkig reed de auto door. Langzaam stierf het geluid van de ronkende diesel weg.

Hij zette er flink de sokken in. Na twintig minuten was hij aangekomen op de plek waar hij dacht dat ze toen de zandweg waren ingeslagen. Hij knipte zijn lamp aan en zag dat de weg toch nog redelijk begaanbaar was, zonder al te veel keien. De halfvolle maan verlichtte het slingerende pad voldoende, zodat hij zijn fietslamp niet hoefde te gebruiken. Na twintig minuten fietsen kwam hij links bij een afslag die het bos in ging. Moest hij hierin? Hij wist niet hoe hard hij gereden had, maar gokte op zeker 15 km per uur. Nee, deze afslag was te vroeg. Of had hij toch harder gefietst? Waar was hij mee bezig, wat was dit voor absurde actie? Op zijn fietsje midden in de nacht, met alleen een kaart van de regio en zijn geheugen als leidraad? En als hij het gebouw al terug zou kunnen vinden, wat dan? Alsof hij in zijn eentje iets kon uitrichten!

Toch sloeg hij de weg in, hij kon immers nooit lang dwalen, want dit weggetje zou hij maar een kwartiertje hoeven fietsen. Hij inspecteerde zijn horloge: 2:37 lichtte op in de duisternis. Hij drukte de stopwatch in. Hobbelig was de weg zeker en even flitste hij met zijn zaklampje. Keien, kiezels, steentjes, kuilen, Parijs-

Roubaix was er niets bij. Hotsend en klotsend reed hij door. Na vijf minuten kwam hij bij bebossing uit en zag rechts van hem een zwak licht branden bij een gebouwtje dat het midden hield tussen een schuur en een loods, maar dan wel in elkaar gezakt. Bram reed nog even door, zette zijn fiets neer en liep voorzichtig van boom tot boom naar de deur van de schuur. Geen auto's, geen fietsen, geen geluid. Voorzichtig nu. Een deur. Heel langzaam draaide hij de handgreep naar links. Geen beweging. Nog eens proberen. Weer geen beweging. Naar rechts dan. Ook dit leverde niets op. Zachtjes duwde hij met zijn schouder tegen de deur. Die leek een beetje mee te geven en Bram besloot iets harder te duwen. Hoewel hij niet eens zo veel kracht zette, vloog de deur ineens uit zijn sponningen en knalde met een donderend lawaai op de grond. Bram schrok zich een ongeluk, dacht niet meer na en rende naar zijn fiets, sprong erop, fietste of zijn leven ervan afhing en keek na honderd meter achterom. Geen leven. Geen geluid. Bram stopte met fietsen en ging terug.

Hijgend kwam hij weer bij de ingang en keek door het gat naar binnen, intussen met zijn lantaarn schijnend. Dit was niet wat hij zocht. Een grote bende van stof, zand en verrot meubilair. Dit kon niet de juiste plek zijn. Verdorie, hij had de verkeerde afslag genomen! Met het hart nog kloppend in zijn keel sprong Bram weer op de fiets en reed het weggetje terug. Nu naar rechts en dan na een tijdje weer afslaan naar rechts. Hier moest het dan toch zijn. Een kronkelend weggetje en nauwelijks te berijden met de fiets. Ja, dit was de juiste afslag. Bram sprong van zijn fiets en nam hem rennend aan de hand. Kuiltje, bobbeltje, steen en pats daar lag Bram ineens onderuit. Hij voelde direct zijn pols kloppen, waarmee hij de val had gebroken. Shit, shit, shit. Gelukkig kon hij een schreeuw onderdrukken. Hij voelde eens aan zijn pols, gaf wat druk in de asrichting. Dit deed geen extra pijn. Gelukkig, niets gebroken, maar Jezus Mina wat deed dat zeer. Bram zette door, pijn kon hem vanavond niet deren en hij verzon wel een smoes wanneer het morgen blauw en opgezet was. Gevallen in de douche of zoiets. O jee, als hem dit maar niet zijn basisplek kostte. Nu had hij andere dingen aan zijn hoofd.

In de schemer van de maan zag hij een hek opdoemen waar het paadje dwars doorheen liep. Hij stopte. Nu goed kijken en rustig blijven. De pijn van zijn kloppende pols verdween met de stoot adrenaline die plots door zijn bloed spoot. In de verte zag hij een schim lopen voor de contouren van een gebouw. Dit moest die haciënda zijn, dat kon niet missen! Bram legde snel zijn fiets neer en drukte zich plat op de grond. Had iemand hem gehoord? Hij hoorde geen stemmen, wel voetstappen, ver weg. Bram richtte zich op en tuurde in de verte. Dichterbij komen zou te gevaarlijk zijn, vroeg of laat zouden ze hem zeker zien of horen. Links van hem zag hij een dikke boom. Als hij daar nou eens heen kon lopen. Wacht, hoorde hij het goed, was dat geronk van een motor? Hij keek achterom in de duisternis en daar in de verte verscheen een dansend licht met een felle straalbundel. De auto leek op weg naar de haciënda. Bram schatte zijn kansen in. Als hij nog langer wachtte zou de bewaker hem zien in de schijnwerpers van de auto. Of de chauffeur zou hem zien. Hij moest nu snel zijn.

Bram keek nog een keer in de richting van de donkere gestalte in de verte. Die zag hij niet meer. Misschien was hij naar binnen gegaan. Bram legde zijn fiets in de greppel, uit het zicht. Hij speurde nog eens naar de haciënda. Geen beweging. Het was nu of nooit. Hij spurtte het duister in en trillend dook hij achter de boom. Hij drukte zich nog platter tegen de grond. Zijn longen leken te ontploffen. De auto kwam dichter en dichterbij. Bram durfde niet op of om te kijken. Even dacht hij dat de auto naast de boom stopte, maar hij reed het oprijlaantje op, zo leek het. De chauffeur had de fiets in elk geval niet gezien! De auto stopte. Bram hoorde het dichtknallen van een portier. Hij lichtte zijn hoofd iets op en keek in de richting van de auto. Hij zag dat de koplampen nog aan waren en drukte meteen zijn hoofd weer tegen de grond. Dit was zijn kans: zij zagen hem niet, maar hij hen wel. Bram keek naar de verlichte haciënda en direct ging een schok van herkenning door hem heen. Dat was die gast van de receptie!

De lampen gingen uit, het werd weer aardedonker en de mannen liepen de haciënda in. Bram had maar een fractie van een seconde zicht gehad, maar dat was voldoende geweest om een globale indruk te krijgen. Een langgerekt gebouw, vervallen, zo leek het. Een groter gebouw ernaast of eraan vast, dat wat hoger was. Maar ze hadden hem die nacht toch mee naar beneden genomen? Misschien had de haciënda een keldercomplex en hadden ze daar zijn Simone opgesloten, de schoften! En trainer Been! En wie weet wie nog meer! Wat moest hij doen? Boosheid, verdriet, onmacht en pure haat overvielen hem. Maar, één ding was zeker: hij kon onmogelijk naar binnenstormen en Simone bevrijden. Hij wist niet eens hoeveel mannen er waren. In ieder geval twee en aan het aantal auto's te zien, misschien wel tien. Dus niet naar binnen.

Net toen Bram zich wilde oprichten, hoorde hij weer het geluid van een auto en zag hij in de verte lichten opdoemen. Verdorie, nog meer handlangers, wat moesten die gasten hier midden in de nacht? Bram drukte zich weer tegen de grond en verroerde geen vin. Al zijn aandacht was gefocust op het geluid. Deze auto klonk zwaarder en reed harder. Het waren er meer. Twee, misschien drie. Nog een klein stukje, ze moesten nu dichtbij zijn. De motoren ronkten nog toen hij het geluid van een opengaande schuifdeur hoorde. Dat klonk bekend. Toen hij zijn hoofd een klein stukje optilde, zag hij het zwarte busje in het licht van de koplampen. Drie auto's eromheen, mannen sprongen uit het busje, iemand werd naar buiten geduwd. Geduw en getrek, geschreeuw, hysterisch gekrijs. Het was een vrouw! Jezus, wat een klootzakken! De vrouw werd gillend naar binnen gebracht. De motoren van de auto's draaiden nog. Bram tuurde nog eens en schrok zich een ongeluk. Een politieauto! Er stond een politieauto bij!

De lampen gingen uit, de motoren sloegen af. Het werd weer stil. Alleen in de verte klonken nog felle en donkere stemmen. Een zware bons en toen was het doodstil. Oorverdovend stil. Brams onrust nam met sprongen toe. De lokale politie, mensen van het hotel, wie waren er allemaal nog meer bij betrokken? Dit was foute boel, hier kon hij in zijn eentje nooit iets tegen doen. Maar hij wist nu in elk geval waar ze zaten en wie erbij betrokken waren. Maar waar kon hij terecht met zijn verhaal? Niet in het hotel en niet bij de politie. Hij moest weg hier. En snel. Maar dat was te riskant. Stel dat ze hem op zijn fietsje zagen, dan was hij zwaar de klos. Of was het misschien juist beter dat ze hem zagen? Misschien dat ze hem dan ook zouden opsluiten? Dan was hij dichter bij Simone. Bovendien zouden ze dan op onderzoek uitgaan, omdat Bram niet in het spelershotel was teruggekeerd. Een internationale rel zou ontstaan. Nee, ze zouden hem hier nooit opsluiten. Op het voetbalveld was hij in hun ogen nog van nut, opgesloten in een burcht was hij alleen maar tot last. Maar hij kon ook niet de hele nacht hier achter die boom wachten, dat was te gevaarlijk. Over een uur zou het al licht worden.

Het geluid van voetstappen, stemmen. Deuren zwaaiden open, motoren werden gestart en Bram zag tot zijn opluchting vier auto's, waaronder het busje, de lampen ontsteken. Hij kromp weer in elkaar. De auto's vertrokken en langzaam stierf het geluid weg in het Spaanse duister. Bram hoorde en zag niets. Ook geen beweging bij de deur toen hij opkeek. Hij moest hier weg. Bram sprong op, rende naar zijn fiets en wachtte even. Hij hoorde niets. De kust was veilig. Zijn hart brak, maar hij moest hier vandaan. Hij kon Simone niet helpen.

Hij fietste de longen uit zijn lijf, dat aan alle kanten pijn deed, vooral zijn rechterpols. De tranen stroomden over zijn wangen terwijl hij de pedalen voortstuwde. Na een paar minuten fietsen in het donker zag hij plotsklaps toch weer mogelijkheden. De locatie had hij gevonden, hij wist wie er onder andere bij betrokken waren en hij wist dat er minstens drie mensen opgesloten zaten. Hij hoefde alleen nog iemand te vinden die hem zou geloven en kon helpen. Maar wie kon hij in hemelsnaam nog vertrouwen? Zijn hoofd tolde, zijn benen werden week van zwakte, hij kon niet meer denken.

Het hotel was in diepe rust. Nu voorzichtig, geen geluid maken. Een extreme vermoeidheid kwam over Bram toen hij, via het dak, binnenkwam. Een loden last drukte zwaar op zijn schouders en zijn ogen brandden. Linksom de gang in en dan was hij er. Hij liep ineens hard tegen iemand aan.
"Jezus, sorry, sorry."
Terwijl hij de ander overeind hielp in het donker, herkenden ze elkaar.
"Oom Pim, wat doet u hier?"

"Nou, dat kan ik ook wel aan jou vragen, Bram. Ik kon niet in slaap komen, daar heb ik vaker last van de laatste jaren en dan maak ik meestal een ommetje. Maar ik geloof dat wij eens moesten babbelen."

"Liever niet."

"Geen gemaar, Bram, kom, we lopen naar mijn kamer."

Bram kende oom Pim goed genoeg, hij duldde geen tegenspraak en had natuurlijk allang iets in de gaten. Op de hotelkamer ontfermde zijn oom zich onmiddellijk over zijn pols. Een strenge blik: waar had hij in hemelsnaam die blessure opgelopen.

Bram zweeg, draaide zijn hoofd weg.

"Jongen, volgens mij zit jij met een groot probleem, dat je onmogelijk zelf kunt oplossen. Klopt dat?"

Bram knikte.

"Op mij kun je altijd rekenen Bram, we zijn familie! Voor de draad ermee."

Het volgende moment liep Bram leeg en vertelde het hele verhaal van A to Z.

"Godsallejezus, jongen, ik zou zeggen, we gaan naar de politie, maar als jij politieauto's hebt gezien, dan is dat natuurlijk een slecht idee. We moeten wat verzinnen, maar dan moeten we eerst helder kunnen denken. Jij gaat nu naar je bed, je hebt nog drie uur om bij te komen. Je moet fit blijven. Wacht, neem een slaappilletje mee."

34

Simone werd wakker van een knisperend geluid. Grind, buiten liep iemand over het grind. Een siddering trok over haar lijf. Ze lag op bed. Was ze in slaap gevallen? Hoe lang dan? Ze moest zichzelf in slaap hebben gehuild. Haar ogen zaten dichtgeplakt van de opgedroogde tranen. Ze voelde zich beroerd. Het was stervens-koud. Ze moest haar kaken in bedwang houden om niet te klap-pertanden. Ze haalde diep adem en walgde van het ranzige paar-dendekentje dat op haar lag. Haar kleren roken muf. Ze had al dagen dezelfde aan. Doodstil bleef ze liggen. Dat leek haar het beste. Wat zou er gebeuren? Lang lag ze zo te piekeren. Opnieuw hoorde ze voetstappen dichterbij komen. Het geluid kwam in de richting van haar deur. Stilte. En weer die voetstappen. Het geluid stierf weg. Bibberend trok ze het dekentje strak om zich heen. Een bang vogeltje, meer dood dan levend. Er zat niets anders op dan haar lot af te wachten.

Bram lag te piekeren. Hoewel hij nu meer wist dan voor zijn nachtelijke fietsrit, was hij geen meter opgeschoten. Niemand kon hem helpen. Ook oom Pim niet. Het zou te gevaarlijk zijn. Moest hij toch maar naar bij de politie gaan? Ook te link; hij had genoeg politiewagens gezien rond de haciënda. Naar het consulaat? Ook geen optie: hij wist zeker dat ze hem voortdurend in de gaten hiel-den. De hotelbaas dan? Die leek hem ook niet te vertrouwen. Bovendien waren waarschijnlijk een stuk of wat van zijn mede-werkers bij de zaak betrokken. Naar de trainer? Ook dat was te riskant en wie weet was Heitinga ook wel betrokken of onder druk gezet sinds Been was ontvoerd. Bram zette koortsachtig de mogelijkheden op een rijtje. Misschien kon hij steun verwachten van spelers of trainers van een van de andere ploegen. Van iemand die in hetzelfde schuitje zat als hij. Daar had hij het al met oom Pim over gehad. Samen waren ze de samenvattingen van alle wedstrijden nog eens langsgelopen. Ze zagen genoeg missers voorbijkomen. Ook van spelers die normaal gesproken nooit op een foutje waren te betrappen. Wie in een groter complot geloofde, kon met gemak een heel elftal onder verdenking stellen. Keepers die niet vrijuit gingen. Scheidsrechters die bij het minste of geringste de bal op de stip legden. Verdedigers die zich wel heel simpel lieten uitspelen. Aanvallers die de mooiste kansen om zeep hielpen.

Ach, het kon ook zijn eigen verbeelding zijn. Liet hij zich meeslepen door zijn eigen donkere fantasie? In elke voetbalwedstrijd zaten onverklaarbare momenten. En dan nog, gesteld dat het zou kloppen, dat er ook andere spelers zouden worden gechanteerd; hij kon ze toch moeilijk allemaal gaan benaderen? Trouwens: wie weet werden ze morgen uitgeschakeld door Spanje en was het over. Voorbij. *Schluss. Finito.* Wat verlangde hij daarna. Naar rust. Naar het einde. Maar vooral naar Simone.

35

De laatste training voor de kraker tegen Spanje. De opstelling was nagenoeg bekend, op twee vraagtekens na. Heitinga speelde zoals altijd vanuit een vast concept: 4-3-3. Waarbij je zou kunnen zeggen dat er in balbezit sprake was van 3-1-2-2-2, met veel beweging over de flanken. Alleen de inschuivende verdediger was nog een twijfelgeval. Zou de bondscoach kiezen voor de ervaren Dutselaar of voor het jonge aanstormende talent van Volendam: Jasper Jonk. Daarnaast was er nog het geval Kees Keijzer. Uitgeroepen tot Nederlands Voetballer van het Jaar in 2019 en vlak voor aanvang van de voorbereiding voor vijftig miljoen gekocht door Real Madrid. Maar Keijzer was een wandelend vaatje buskruit. Een speler die met grote regelmaat in conflict kwam met zijn omgeving: met tegenstanders, maar net zo goed met medespelers, trainers, journalisten en toeschouwers. Natuurlijk was hij tijdens het trainingskamp voorafgaand aan het toernooi in de clinch geraakt met de bondscoach. Daar kon je op wachten. Keijzer wilde per se in de spits, terwijl de technische staf hem meer als aanvallende middenvelder wilde gebruiken en in de spits de voorkeur gaf aan Breedveld en Tuhuteru. Deze twee spelers hadden meer loopvermogen dan Keijzer en pasten beter in het wat afwachtende concept. Moest je net Keijzer hebben: die had onmiddellijk gedreigd het trainingskamp te verlaten. Had Ruud Gullit niet een keer zoiets gedaan, in de tijd dat Oranje nog in Noordwijk bij elkaar kwam? Het was alles of niets voor sommige vedettes. Geen hoofdrol, dan ook geen bijrolletje in de selectie. Keijzer was weggelopen toen Dutselaar droogjes bij hem had geïnformeerd of hij wel genoeg zitvlees had om vier weken op de bank te zitten. En weglopen was een doodzonde bij het Nederlands elftal.

Het incident had geen verstrekkende gevolgen, met dank aan Sam van Zinnigen. Waarschijnlijk omdat Van Zinnigen zich nog het best in het opvliegende karakter van de kersverse Madridvedette kon verplaatsen. Hij was een sfeermaker en leider in de groep, maar kwam zelf ondanks zijn leeftijd en ervaring ook nog wel eens in botsing met zijn trainer. Dat was ook precies de reden dat Heitinga hem captain had gemaakt. De bondscoach kende alle trucs. Dit was het Davids-model: soms kon je een speler nog het best in toom houden door hem de verantwoordelijkheid over de rest van het team te geven. Heitinga wisselde een blik met Van Zinnigen; zelf deed hij of zijn neus bloedde.

De keeper stond op en liep achter Keijzer aan, de rest van de selectie verbouwereerd achter latend. Heitinga nam direct het woord en sprak de selectie toe. Hij voelde altijd perfect aan wat er speelde. Dat hij koos voor een andere rol voor Keijzer en dat Keijzer het daar moeilijk mee had. Dat hij hoopte dat Van Zinnigen hem kon overhalen te blijven. Ten slotte heeft een trainer alle twintig spelers in de selectie nodig tijdens een toernooi. Alleen als iedereen even gretig en scherp is, maak je een kans ver te komen in het toernooi. Anders niet. En het lukte Van Zinnigen zowaar om Keijzer te overreden te blijven. Na een langdurige praatsessie, waarbij waarheden en emoties niet geschuwd werden, besloot Keijzer de selectie de volgende dag bij het ontbijt zijn excuses aan te bieden. Hij ging zich vol overgave in de rol van reserve storten en zou vechten. Kees Keijzer zou er staan als het elftal hem nodig had.

Op de training liet Keijzer zijn directe tegenstander Stef Stuyvesand alle hoeken van het veld zien. Hij haalde zijn complete technische arsenaal uit de kast en was niet te stuiten tijdens het afsluitende partijspel. Hij droeg dan opnieuw geen hesje, ze zouden weten waar hij nog altijd toe in staat was. Steekpassjes, ziedende schoten, vliegende kopballen en doelpunten. Kees Keijzer ging helemaal los. Achter de spitsen, om precies te zijn.

Lodewijks stond erbij en keek ernaar. Sneijder krabde zich eens achter zijn oren. Keijzer deed hem nog het meest aan Van der Vaart denken, zijn oude Ajax-maatje, die jarenlang het Bernabeu had betoverd met zijn gouden linker. Bergkamp stond weer als een dolleman te juichen langs de kant. En Heitinga stond erbij en keek ernaar. Breed grijnzend.

Ook Bram liet zich gelden. Hoewel de zorgen zich opstapelden, zijn pols goed ingetapet moest worden, greep hij elke training aan om zijn zorgen van zich af te spelen. Met de bal aan de voet werd het leven weer eenvoudig en overzichtelijk. Tijdens het partijspel legde hij al zijn frustratie en woede in een schot waarvan Tielanus pas in de kleedkamer de bijzonderheden te horen kreeg. De reservegoalie had alleen iets voorbij horen suizen; de touwen waren aan vervanging toe. Bram was er klaar voor, ondanks alles. Twee dingen telden voor hem. Simone en voetbal. En wel in die volgorde. Daar was hij zo langzamerhand wel achter.

36

Het kolkende *estadio* Bernabeu, de thuishaven van Real Madrid, maakte zich op voor het treffen tussen twee grootmachten uit het verleden: Holland en gastland Spanje. Het Oranjelegioen overheerste in het stadion en de sfeer in de stad was al dagen die van een Koninginnedag. Het Nederlandse volk had meer gekregen dan waar het vooraf op had gehoopt en had het elftal weer in zijn hart gesloten. Shirts met nummer 9 (Breedveld) en nummer 11 (Tuhuteru) waren niet meer aan te slepen en er werd geschat dat er veertien miljoen Nederlanders voor de buis zouden zitten. De hunkering naar succes was ongeëvenaard en sloeg over op de spelers.

's Ochtends was de opstelling bekendgemaakt en de spelers waren licht verrast door het spelen van verdedigende middenvelder Soudijn. Dit betekende meer defensieve daadkracht, omdat Soudijn bekendstond als een stofzuiger, niet meer en niet minder. Kees Keijzer noemde hem vaak gekscherend, maar ook liefkozend, Hector, naar zijn labrador, naar eigen zeggen ook een prima balafpakker. Een en ander had tot gevolg dat Tino naast Keijzer op de bank plaats kon nemen, ondanks zijn goede spel in de laatste wedstrijden. Heitinga had beter Bram op de bank kunnen zetten. Althans, hier had Bram een beetje op gehoopt, maar hij wist natuurlijk niet van het bericht dat Heitinga de avond ervoor had gekregen.

Heitinga was maar kort van slag geweest na het verdwijnen van assistent-trainer Been. Hij had keurig gedaan wat hem was opgedragen. Uiteraard was Heitinga bang geweest, maar in de trance van het kampioenschap dacht hij maar aan één ding: door-door-door. Maar toen hij gisteravond zijn bed opzocht was hem wederom de schrik om het hart geslagen. Een foto van Been in een donkere kamer. Man, wat zag die jongen eruit. Bleek, wallen onder zijn ogen, baardje van een week. Er zat een briefje bij. Wie had het daar neergelegd? Hoe waren ze naar binnen gekomen? Hij was direct naar de receptie gelopen, maar de man met de snor had hem niet kunnen helpen. Heitinga had daarop besloten het dicht bij zich te houden en de instructies op te volgen. En die waren simpel:

Breedveld and Soudijn have to play tomorrow

Zo hadden ze het niet afgesproken met de technische staf en Heitinga begreep dan ook maar al te goed waarom Wouters zo pissig reageerde toen hij 's ochtends de nieuwe opstelling, mét Simon Soudijn, maar zonder Kees Keijzer doorgaf. Het enige wat hij had kunnen doen, was het vertrouwen vragen van zijn assistent. Gelukkig zag hij Wouters kort knikken nadat ze elkaar diep in de ogen hadden gekeken.

De elftallen betraden de zinderende arena. Gespannen koppen, schuddende dijen, volksliederen, orkaangejoel en het beginsignaal: Holland – Spanje, een wedstrijd die de boeken in zou gaan als het Bal van Bernabeu.

Spanje begon furieus en Wouters zag direct dat het een briljant idee van Heitinga was om Soudijn op te stellen. De ene na de andere aanval kon hij onderbreken door net wel dat teentje ertegen te krijgen of net dat kleine overtredinkje te maken. Hij speelde de wedstrijd van zijn leven. Maar de druk van Spanje werd er niet minder op. Oranje wist met hangen en wurgen het eerste kwartier door te komen. Acht corners wisten de Spanjaarden af te dwingen. Ze werden allemaal overgetikt, weggekopt of uit de doelmond gerost. Van opbouw was geen sprake en de muur zou vroeg of laat een keer bezwijken. Het gebeurde in de 18e minuut toen Javier Sanchez, de behendige rechtsbuiten van Sevilla, het strafschopgebied indook om de bal panklaar af te geven aan topscorer Pepe Santilliana. Met een droge knal via de onderkant lat sloeg de bal tegen de touwen: Bernabeu ontplofte, 1-0 voor Spanje.

De Spaanse storm ging niet liggen, integendeel. Het Spaanse

team rook bloed. Na jaren zonder aansprekende resultaten, met alleen een finaleplaats tijdens het EK van 1984, lag eindelijk de weg open naar een internationale titel. Bondscoach Raul, kind van de stad, die juist in dit stadion grootse triomfen had gevierd als speler van de Koninklijke, maande zijn spelers tot rust. Maar zijn spelers waren niet te houden. Met vier schitterende reflexen voorkwam Van Zinnigen een vroege deceptie van het ontluisterend zwak spelende Holland. Toch kon hij niet voorkomen dat Spanje ging rusten met een 2-0 voorsprong.

Vier minuten voor het rustsignaal. Corner nummer twaalf werd andermaal ingedraaid bij de eerste paal door rechterspits Sanchez, waar voorstopper Guerrera, Beul van Barcelona, steenhard binnenkopte.

Op de tribune keek een donkere man met snor bijna onbewogen naar het veld. Hij kon een lachje nauwelijks onderdrukken. Het opstellen van Soudijn had niet uitgepakt zoals ze gedacht hadden, die kon er toch wel wat van, maar het ging gesmeerd: 2-0 achter, dat konden die Hollanders nooit meer goedmaken.

Heitinga had gemengde gevoelens, net als Bram Breedveld. Hij moest iets doen, maar Soudijn kon hij onmogelijk wisselen. Dat zou tegen de instructies zijn en bovendien speelde Soudijn een fantastische wedstrijd. Maar ze moesten meer vooruit voetballen, onder de druk vandaan komen. Dus besloot hij tot een briljante wissel. Hij verving laatste man Dutselaar voor Keijzer en liet linksback Giariva doorschuiven naar het middenveld. Twee verdedigers en Soudijn als een soort klusjesman voor de verdediging. De spelers keken elkaar vertwijfeld aan, maar Heitinga nam gedecideerd en geëmotioneerd het woord.

"Mannen, we worden weggespeeld en hebben geluk dat het nog maar 2-0 staat, maar daarmee houdt het ook meteen op. Dit tempo kan Spanje onmogelijk volhouden, dus krijgen we ruimte en komen er kansen. Door nu meer druk naar voren te geven, gaan we ze van begin af aan verrassen. We gaan de slag op het middenveld winnen. We laten ons deze kans om wereldkampioen te worden niet ontnemen. We doen het voor onszelf, onze supporters maar vooral voor Been. Neem van mij aan dat hij erbij is gebaat wanneer we straks laten zien wat we echt waard zijn. We eten het gras op en rammen eroverheen!"

Het vuur stond Heitinga in de ogen en hij verhief zijn stem met zo'n kracht dat iedere speler zich opgetild voelde.

"Geloof in jezelf, geloof in elkaar en geloof in het onmogelijke! We pakken ze!"

Kees Keijzers ogen spuwden hetzelfde vuur als die van Heitinga, zij het om heel andere redenen. Hij zou de wereld laten zien wat hij nog niet had kunnen laten zien: hij was de beste voetballer op deze aardbol. Hij, Kees Keijzer, en niemand anders! Bram was onder de indruk uit de kleedkamer gekomen, verward, verdrietig, maar tegelijkertijd ook vol trots. De sportman in hem vertelde dat ze die Spanjaarden nog gingen pakken, terwijl zijn hart hem ingaf dat hij geen bal mocht raken. Hoe ging het met Simone? Zat ze daar in die kelder naar de wedstrijd te kijken? Kon hij op het veld wraak nemen tegen die Spaanse hufters die haar gevangen hielden?

De overige tien spelers waren totaal getransformeerd op het veld teruggekeerd. Van makke lammetjes tot bloeddorstige wolven. Met als grote animator Kees Keijzer uit Volendam. In Madrid zouden ze weten wie ze voor komend seizoen in huis hadden gehaald.

Vanaf het eerste fluitsignaal was het eenrichtingsverkeer richting het Spaanse doel. Het Oranjelegioen ging er eens goed voor zitten.

In de tiende minuut na rust komt Breedveld vrij voor de keeper, maar schiet, vertwijfeld en overduidelijk gehaast tegen de keeper. Deze kan echter niet voorkomen dat Keijzer de terugspringende bal woedend in de touwen jaagt: 2-1! Bram juicht, maar huilt van binnen. Keijzer snelt naar de goal om de bal uit het doel te halen en de wervelstorm van Oranje gaat door.

Achttien minuten later. Soudijn onderschept een counter van de Spanjaarden en speelt direct diep op Keijzer, die de bal aan de linkerkant, zo'n tien meter op de helft van Spanje, op zijn borst controleert,

de bal over zijn directe tegenstander heen lobt en naar binnen snijdt. Op 35 meter van het doel besluit hij uit te halen. Als een streep verdwijnt de bal diagonaal in de rechterbovenhoek, een verbouwereerde Zubita vastgenageld aan de grond achterlatend: 2-2!

Keijzer is ontketend! Heitinga blijft cool, terwijl Wouters hem bijkans omverspringt. "Briljante wissel, briljante wissel John!" Na deze waanzinnige minuten valt het stil aan beide kanten, waarna scheidsrechters Ziele en Flitz het eindsignaal laten klinken. Verlenging. De meeste toeschouwers zijn teleurgesteld dat hun favorieten nog niet gewonnen hebben, maar tegelijkertijd ook blij dat deze schitterende wedstrijd nog een vervolg krijgt.

De Oranjespelers hijgen uit, worden verzorgd en hebben allen het gevoel dat er wat te winnen valt. Van Zinnigen roept iedereen bij elkaar en begint een opzwepende speech. Aan het einde roept Keijzer: "Alle ballen op mij, jongens, ik schiet alles raak!" De spelers kijken hem in de ogen en weten en voelen dat hij het meent, dat hij het waar kan maken. Alle ballen op Keijzer! Oranje maakt zich op voor nog eens dertig meeslepende minuten voetbal. De verlenging lijkt een samenvatting van de wedstrijd, zij het dat de aanvalsdrift nu gelijkelijk verdeeld wordt en tegelijkertijd plaats heeft. Kansen over en weer, schoten op paal en lat, weergaloze reddingen aan beide kanten. Maar geen doelpunten. Bram komt twee keer kansrijk door, maar zijn *Torinstinct* wordt ondermijnd door zijn angst en hij besluit beide keren af te leggen op Tuhuteru, waardoor er nog net een Spaans been tussen kan komen. Shoot-outs lijken deze halve finale te moeten beslechten. Bram ziet zijn kans. Dan kan hij die tenminste missen. We moeten verliezen, maar we kunnen verdorie de finale halen! De scheidsrechter kijkt op zijn horloge. Keijzer ziet het in zijn linkerooghoek, terwijl hij de bal ontvangt halverwege de Spaanse helft. Nu of nooit. Ziele wil aanzetten voor het laatste fluitsignaal, maar iets in hem ontneemt hem de lucht; zijn liefde voor de bal laat hem instinctief Keijzer de bal aannemen. Keijzer kijkt, ziet de keeper voor zijn goal staan en besluit tot een fenomenale lob.

De bal gaat omhoog. Hoger. Nog hoger. En daalt. Keeper Zubita struikelt achterwaarts. Met Zwitserse precisie valt de bal net onder de lat in het doel: 3-2 voor Nederland!

Dan fluit scheidsrechter Ziele af.

Het Oranjelegioen ging compleet uit zijn dak. Oranjehemden vielen elkaar springend en dansend in de armen. De spelers liepen een ereronde en werden sportief toegejuicht door het Spaanse publiek. Voetballiefhebbers tenslotte. De wereld was getuige geweest van één van de mooiste wedstrijden ooit. Een wedstrijd om in te lijsten.

Verdwaasd liep Bram rond. Plichtmatig begaf hij zich in het feestgedruis, maar zijn hart was bij Simone. Hij had gedaan wat hij kon. Slecht gespeeld, maar wel onopvallend slecht, kansen gemist, maar ook weer niet te duidelijk. En ze hadden hem niet gewisseld. Ze konden hem niets verwijten. Maar wat had de finaleplaats voor gevolgen voor Simone?

Verderop liep Heitinga. Hij kon nog net voorkomen dat ze hem op de schouders namen. Daar was het veel te vroeg voor. Liever bleef hij nuchter. En bovendien wist hij niet wat dit kampioenschap nog meer zou brengen. Kreeg hij voor de finale nog meer vreemde instructies? En hoe was het met Been? Voor hetzelfde geld maakten ze hem af met dit resultaat.

37

Terwijl alle teamleden van Oranje euforisch om elkaar heen dansten, liep Bram licht peinzend over het veld richting kleedkamers. Het Oranjelegioen gaf zich over aan een feest zonder einde maar Bram keerde terug in zichzelf.

Even verderop stapte Pim de la Crosse in de richting van de Spaanse spelers, die afscheid aan het nemen waren van hun publiek. De la Crosse had vanochtend nog eens een aantal wedstrijden teruggekeken. Hij kon de complottheorie niet zomaar naast zich neerleggen. Zijn neefje was in grote problemen; hij moest wel. Die Zubita, die had behoorlijk lopen klungelen dit toernooi, terwijl hij toch alom werd beschouwd als een zeer betrouwbare doelman. Geen wereldkeeper, maar zeker geen grabbelaar. Het was hem tijdens de wedstrijd ook opgevallen dat de Spaanse keeper bij de tweede goal wel erg opzichtig de bal voor de voeten van Keijzer had gelegd. En eerlijk is eerlijk, de beslissende boogbal vlak voor tijd van Keijzer was schitterend, maar een Zubita in topvorm had hem gewoon over getikt. Links van hem zag hij Zubita lopen. Verdomd, dit was geen teleurgestelde speler, tussen zijn tranen zag De la Crosse opluchting in zijn ogen. De la Crosse liep direct op hem af.

"*Congratulations.*"

"*Thank you, it was a magnificent game. Are you glad it's over?*"

Normaal gesproken een idiote vraag voor een topsporter die net zijn jongensdroom - in eigen land Wereldkampioen worden - in rook heeft zien opgaan. Maar Victor Zubita ging er bloedserieus op in.

"*No, señor, not at all.*"

De tranen stonden in zijn ogen. Maar toen hij nog eens goed keek, wist De la Crosse genoeg. Het feit alleen al dat hij rustig antwoord kon geven. Een keeper die in de laatste minuut van de verlenging nog was gepasseerd, zou zeker een kwartier totaal uitgeput op het veld zijn blijven liggen. Dit was toch een Spanjaard? Hij wist hoe hij ervan langs zou krijgen in de vaderlandse pers. Nee, dit kon alleen maar betekenen dat ze ook Zubita onder druk hadden gezet. Deze man was er net zo slecht aan toe als Bram. Eindelijk hadden ze een lotgenoot gevonden!

De la Crosse zette een lichte spurt in naar Bram. Hier midden in het tot de nok toe gevulde stadion was er, krankzinnig genoeg, meer privacy dan in het hotel, waar ze niemand konden vertrouwen. Hij moest snel met zijn neef in contact komen.
"Bram, Zubita is er ook bij betrokken. Ik weet het zeker."
"Zou me niets verbazen. Hebt u het hem gevraagd?"
"Nee, dat niet natuurlijk, maar ik heb een plan. Tenzij jij daar anders over denkt."
"Kom maar op met dat plan."

De la Crosse had gehoord dat het lot Zubita had aangewezen voor een dopingcontrole. Waar het hele team nog de samba danste in de kleedkamer, kneep De la Crosse ertussenuit om zich bij de dopingkamer te melden. Zubita had moeite met plassen en sloeg snel een San Miguel achterover. Oom Pim nam hem even apart.
"*Come with me.*"
Ervan verzekerd dat ze niet gevolgd werden, ging hij naar het toilet.
"*Listen, I think we have the same problem.*"
De la Crosse liet een pauze vallen en keek Zubita strak aan. Zubita leek ter plaatse te ontdooien.
"*Your attackers missed many chances today*", sprak Zubita voorzichtig.
"*Yes, and you could have stopped at least two goals today*", zei De la Crosse op zachte toon. "*Are you being blackmailed?*"
"*Yes.*"
Ongeloof op het gezicht van Orlando Zubita.

"Let's keep it short. It's over for you, but some people are still in danger."

"Did they take others too? They have my wife. Jesus, what a shame."

"Listen, Zubita, do you know anyone who can help us?"

"Yes, yes, yes. My brother in law is private investigator, but they know that so I did not have the guts to inform him. Maybe you can do it, they check my personal all the time."

"Can you give me his number after you have finished this procedure? Write it down on your shirt. We will exchange it, okay?"

Zubita knikte en voor Pim de la Crosse kon weglopen, pakte hij hem stevig vast.

"Good luck amigo, good luck and be carefull!"

Snel spoedde hij zich terug naar de kleedkamer en stortte zich in het feestgedruis. De la Crosse omhelsde Bram. "Wereldpot, gozer, enne, die keeper zit in hetzelfde schuitje." Bram voelde de opluchting bezit van hem nemen. Misschien was er toch een uitweg. Voor het eerst in tijden voelde hij zich enigszins bevrijd.

38

Voor Bram was het te gevaarlijk om zijn personal te gebruiken, maar dit gold niet voor oom Pim. De la Crosse sprak in zijn personal het nummer in dat Zubita heel klein achter op zijn shirt had geschreven en dat hij in de Nederlandse kleedkamer had geruild met Pim de la Crosse.

"*Ola, Juan Andrietta.*"

"*Ola, señor, I'm doctor De la Crosse from the Dutch soccer team, your brother in law Zubita gave me your number. We need to talk. Bram Breedveld needs your help. Tomorrow evening, half past nine at our training complex in Tarragonna. Can you be there?*"

Stilte.

"*Señor De la Crosse?*"

"*Yes?*"

"*I'll be there.*"

Een dag later wist Bram opnieuw ongemerkt uit het hotel te glippen. Hij stond erop dat oom Pim zich niet verder in de problemen stortte, dus ging hij zelf. Hij arriveerde tien minuten eerder op de afgesproken plek, bij de kleedkamers van het trainingscomplex. Hij had niemand gezien, niemand had hem gezien. Tino had wel vreemd opgekeken toen hij de kamer verliet, maar hij liet hem zijn gang gaan. Bram was verstandig genoeg, alleen viel het Tino tegen van Bram dat hij zich niet aan de regels hield. Hij was er nog wel een paar keer over begonnen, maar dan trok Bram een scherm op en leek het of hij in een andere wereld dan Tino leefde. Bram had Tino aangekeken: "Luister Tino, je bent mijn enige vriend in het voetbal. Ik vertrouw jou blind. Nu moet je mij vertrouwen."

Tino had de doordringende blik van Bram niet meer uit zijn gedachten gekregen. Deze jongen had een missie, wat voor mysterieuze missie dat ook mocht zijn.

Bram zag een man in de richting van de kleedkamer lopen. Hij zwaaide en Juan Andrietta kwam zijn kant op. In de kleedkamer deed Bram voor het eerst het hele verhaal. Hij sloeg geen detail over en vertrouwde volledig op de onbekende. Over de brief, de man op de tribune, de ontvoering, Simone, trainer Been, de bedreigingen en zijn ideeën. Hij had zijn kaart meegenomen en liet Juan de locatie zien. Juan luisterde aandachtig naar Brams gedetailleerde relaas in het Engels, aangevuld met Spaanse woorden zodra hij het idee had dat Juan hem niet helemaal kon volgen. Juan kon het niet geloven. Was het dan toch waar? Juan had al geruchten uit het ondergrondse circuit vernomen en zijn zwager Orlando Zubita had hem een aantal keren iets willen vertellen de afgelopen weken. En er was dat door Zubita geschreven briefje dat hij twee weken terug in zijn zak had aangetroffen:

"Let op onze tegendoelpunten."
   Orlando

Maar Juan had geen argwaan gekregen, hooguit wat lichte twijfel. Zubita was gewoon wat minder in vorm geweest en Spanje had toch maar mooi de halve finale gehaald. Maar nu viel alles op zijn plaats. Juan wist wat hij moest doen, twijfelen deed hij niet meer. Niet aan Zubita en niet aan Bram Breedveld, deze nuchtere, intelligente en sympathieke jongeman. En over zijn intuïtie had hij sowieso geen twijfel. Die zei hem dat hij vandaag nog moest handelen.
"Vertel me nog een keer over de nacht van jouw ontvoering, de ontvoering van trainer Been en je fietstocht naar de haciënda."
In zijn hoofd tekende Juan moeiteloos de plattegrond van Tarragonna en omgeving. Hier was hij opgegroeid, hier kende hij iedere heg en steg. Er stonden vele verlaten boerderijen en kasteeltjes, maar de locatie die Bram op de kaart liet zien, herkende hij direct. Een oude wijnhaciënda die al jaren leegstond. Hij bedankte

Bram, wenste hem veel sterkte en drukte hem op het hart hier met niemand maar dan ook niemand verder over te spreken. Voor hij wegliep, draaide hij zich nog één keer om, pakte Bram bij de schouders, keek hem strak in de ogen en zei: "Bram, ik beloof je met de hand op mijn hart dat ik alles zal doen om jouw Simone in veiligheid te brengen. Onderneem zelf niets meer, concentreer je op het voetbal en wordt gewoon wereldkampioen."

Bram verliet de kleedkamer op kousenvoeten. Ergens van binnen groeide het vertrouwen, er viel een ongelooflijke last van zijn schouders. Hij had zijn zorgen kunnen delen en deze Juan leek hem op en top betrouwbaar en geschikt om een einde te maken aan deze helletocht. Eenmaal buiten stroomden de tranen over zijn wangen. Helemaal alleen op het veld van het verlaten trainings-complex van Tarragonna.

In het hotel liep hij langs de medische ruimte. Vlak na een wedstrijd was het daar ook 's avonds druk. Ernesto Ebonque lag op de massagetafel en onderging een behandeling van Van Arum. Oom Pim inspecteerde de enkel van Matthijs van Meeuwen. Toen zijn neef binnenkwam keek hij hem vragend aan.

"Doc, ik heb het recept bij de apotheek afgegeven. Ze gaan kijken wat ze voor ons kunnen doen."

De la Crosse haalde opgelucht adem: "Klasse. En nu als de sode-mieter naar je kamer. Anders zeg ik het tegen Heitinga. Slaap lek-ker."

Toen hij terugkeerde op de kamer, kwam Tino meteen overeind.

"Bram jongen, ik wil me nergens mee bemoeien, maar wat is er toch met je? Ik maak me zorgen."

"Niet nodig, Tino." Hij keek zijn maatje zo open en eerlijk moge-lijk aan. "Ik weet wat ik doe. Het is bijna gebeurd. Ooit vertel ik je waar ik mee bezig ben geweest, maar nu niet, nu moet je me ver-trouwen."

"Okay, maar je weet dat ik je loop te dekken, want als de trainer hier achterkomt ben jij het bokkie."

"Ik weet het, Tino, ik ben je daar ook eeuwig dankbaar voor. En nu wil ik nog een keer de tweede helft zien van gisteren, even wat goede spirit krijgen, wat was die Keijzer goed hè."

"Jazeker, maar dat kost me misschien wel mijn plaats!"

"Welnee, hij speelt vast volgende keer met ons drieën, omdat niemand dat verwacht en de trainer ervan houdt de tegenstander op het verkeerde been te zetten. Ik speel je morgen op de training wel een paar keer vrij."

39

In Juan Andrietta's hoofd was het een drukte van jewelste. Alle radertjes waren in werking gezet. Geheime operaties op een verlaten haciënda, mannen met een Zuid-Europees accent, in elk geval twee spelers gechanteerd en hun vrouwen ontvoerd, en ook nog een assistent-trainer die spoorloos was verdwenen. Er moesten meer spelers slachtoffer zijn geworden, niet alleen de keeper van Spanje en de spits van Nederland. Hij begon dit WK ineens met andere ogen te bekijken. Scheidsrechterlijke dwalingen veranderden in bewust gemaakte fouten, gemiste kansen schoten hem door het hoofd, kapitale blunders van verdedigers en onvergeeflijke flaters van keepers. Toplanden als Duitsland, Brazilië en China die al naar huis waren gestuurd. Hij pakte een paar banden met samenvattingen. Hoe waren die wedstrijden ook weer verlopen? Duitsland dat twee totaal belachelijke penalty's tegen Ghana had moeten incasseren. En dan China. Twee glaszuivere doelpunten tegen Italië afgekeurd en een volkomen onterechte penalty tegen met een rode kaart op de koop toe voor verdediger Tan Kwo. Vóór deze penalty genomen kon worden, had ook China's aanvoerder Wayne Rooney met een rode kaart het veld moeten verlaten omdat hij de scheidsrechter zou hebben besprongen. Na zijn kaart kon Rooney gelukkig tijdig worden ontzet door zijn coaches en medespelers. En wat te denken van Brazilië, waar libero Durcao vlak voor tijd twee enorme blunders had begaan in de wedstrijd tegen Paraguay, waardoor Brazilië het onderlinge treffen met 1-2 verloor en na de 1-1 tegen Nederland ook de koffers mocht pakken. En ten slotte de bevoordeling van Italië, dat was hem al eerder opgevallen, maar bij het zien van de samenvattingen van de wedstrijden van de

Azzurri, werd het wel erg opzichtig allemaal.

Hier zat meer achter, Juan Andrietta wist het nu zeker. Hij moest ingrijpen, niet alleen omdat de geloofwaardigheid van 's werelds belangrijkste voetbaltoernooi en Spanjes krediet als organisator op het spel stonden, maar vooral vanwege het risico van de vriendin van Bram, trainer Been, Zubita's vrouw, zijn bloedeigen zus Julia, en wie weet wie allemaal nog meer. Maar dit kon hij onmogelijk in zijn eentje aan. Dat zou veel te riskant en overmoedig zijn. Juan had een beter idee. Dat was eindelijk het moment dat die oude ereschuld zou worden ingelost.

Andrietta werd na een half uur wachten eindelijk doorverbonden door de secretaresse. Na onophoudelijk aandringen, zeuren en soebatten. En herhalen dat señor Montoya er vanzelfsprekend niet het minste bezwaar tegen kon hebben om hem, zijn oude kameraad, te spreken te krijgen. De aanhouder wint.

"Ola, Juan, que tal? Todos bien? Alles goed met jou en je vrouwtje?"* waren de eerste woorden van Carlos Montoya, hoofdinspecteur van de politie in Barcelona toen Juan Andrietta een half uur later voor zijn neus stond. Juan deed meteen zijn relaas en Carlos, die aanvankelijk sceptisch reageerde, raakte steeds meer overtuigd naarmate het verhaal vorderde. Je kon zijn hersens horen kraken, zoals Juan van hem gewend was. "Hier mogen we geen ruchtbaarheid aan geven, Juan, we moeten ondergronds opereren. Ik weet wat me te doen staat."

Carlos Montoya belde zijn secretaresse. "Cancel al mijn afspraken voor vandaag en morgen en roep de Task Force."

Tijd voor actie. Drie mannen en één vrouw meldden zich exact dertig minuten later bij Carlos Montoya en Juan Andrietta. Ze werden geïnformeerd en wisten één ding zeker: het werk zou pas klaar zijn als ze de zaak hadden opgelost en de gijzelaars hadden bevrijd.

Carlos belde zijn baas, José Victor Mosquito, op zijn personal. Deze was dit weekend in zijn buitenhuis vlakbij Valencia, dat wist Carlos, maar hij behoorde tot het selecte gezelschap waarvoor de grote baas toch bereikbaar was.

"*Ola*, Carlos, je moet een verdomd goede reden hebben me te storen, ik heb net een lekkere snoekbaars aan mijn haak hangen. Hou het kort en zakelijk."

"*Ola, José Victor, disculpe.* Ik heb voor vier dagen vier man nodig voor een geheime operatie."

Stilte aan de andere kant.

"Shit, die baars ontsnapt me. Verdorie, dat getelefoneer ook! Sorry, wat zei je als laatste?"

"Vier dagen, vier man, geheime operatie."

"Drie dagen en dan informeer je me, hoor je. Verdorie, een kanjer van een snoekbaars door mijn neus geboord, *muy gracias, hijo de..!*"

"*De nada*, José Victor, ik bel je over drie dagen."

Hoe kortaf ook, Carlos voelde het vertrouwen van zijn baas. Dit vertrouwen had hij in het verleden nooit beschaamd en aan de ernst in de stem van Carlos kon Mosquito horen dat het een belangrijke zaak was. Daar kenden de heren elkaar goed genoeg voor.

40

In de verte hoorde Simone een bekend geluid. Zo veel had ze niet te horen gekregen de afgelopen dagen. Als het al dagen waren, want ze kon dag en nacht nog nauwelijks uit elkaar houden. Het was aardedonker in het bedompte kamertje en het eten kwam telkens op andere tijden: een oude truc, gebruikt om zwaar opgeleide legerofficiers mentaal te ontregelen en te ontkrachten. Bij Simone waren ze daar glansrijk in geslaagd: ze was ieder besef van tijd volledig kwijt. Slapen deed ze vaak, maar hoe lang wist ze niet. En ze werd er alleen maar moe van, hondsmoe.

Het geluid zwol aan. Een sirene! Verschillende sirenes door elkaar, zo leek het. Op dat moment hoorde ze ook rennende voetstappen. Ze kwamen dichterbij! De deur werd opengegooid. Een donkere man met bivakmuts pakte haar bij haar arm en sleurde haar mee de duisternis in. Ze werd in een auto geduwd en de auto gierde weg. Ze keek achterom en zag veel zwaailichten. Achter hen reed nog een auto. Er zaten drie mannen in.

"*Stop the car!*" schreeuwde ze.

"*Stupid puta, shut up!*"

De weg die ze reden was hobbelig en kronkelig. Simone twijfelde of het überhaupt wel een weg was. Toen de auto links tegen een rotsblok knalde, werd duidelijk dat dit niet het geval was. Rechts van de auto doemde ineens uit het niets twee koplampen op en een sirene. Ook links kwamen auto's hun kant op. Er was geen vluchtroute meer. De chauffeur zette zich nog eens schrap, maakte een korte bocht naar rechts en gooide ineens het stuur om, terwijl hij aan de handrem trok. Gierend spinde de auto om zijn as, maar in plaats van de bedoelde 180 graden, bleef het busje tollen om vervolgens tegen een boom tot stilstand te komen. De chauffeur sloeg met zijn hoofd tegen de ruit en begon meteen hevig te bloeden. Simone werd tegen de stoel voor haar geslingerd. Ze gooide de deur open en rende naar buiten, haar vrijheid tegemoet. Eindelijk was aan deze hel een einde gekomen. Ze rende recht in de armen van Carlos Montoya, hoofdinspecteur van de politie van Barcelona, haar persoonlijke redder.

Tijdens de actie wisten de Spaanse commando's vier mensen te bevrijden: Simone, trainer Mario Been, de vrouw van de Spaanse keeper Zubita en de vrouw van de Argentijnse aanvaller Batista. Bij de haciënda werden tien mannen opgepakt, stuk voor stuk met een Spaans paspoort en een crimineel verleden in diverse organisaties. Carlos Montoya had de beste ondervragers van de Nationale Inlichtingendienst ingeschakeld voor zijn onderzoek. Zij waren reeds jaren betrokken bij terreurbestrijding van radicale groeperingen als de ETA en het Internationaal Islamitisch Front. De ondervragers wisten van alle gijzelnemers voldoende om zonder gebruik van geweld de psyche zo te bewerken dat het slechts een kwestie van tijd zou zijn voor de eerste zou breken.

Xavier de la Vega, ook wel bekend als De Specht, wreef eens over zijn neus en overdacht zijn situatie. In de eerste plaats had hij te maken met zijn trots en eer als familieman, en in de tweede plaats met zijn carrière als crimineel. Alles waar hij zo trots op was in één keer kapot, of eieren voor zijn geld kiezen. Maar ze zouden hem weten te vinden, dat wist hij zeker.

"Hoe zit het met protectie?"

"Aaaahh, hoor ik daar een opening, zie ik daar een gaatje? Protectie? Wat had je gedacht: een villa op de Malediven? Een range in Texas? Man, een enkeltje Panama kun je krijgen. Met je gezinnetje, een paspoort, een huissie en een baantje als afwasser. Eervol en oprecht. Meer zit er niet voor je in, makker!"

"Okay, ik werd opgepakt door een stel gasten."

"Namen!"

"Weet ik niet."

"Ga door."

"Goed, die gasten brachten me naar een huis."

"Waar?"

"Hier in de buurt."

"Waar?"

"Hier in de buurt, dat zeg ik toch! Weet ik veel! Het was donker, man!"

"Verder."

"Daar was een man."

"Wie?"

"Vertel ik nog. Die wist dingen van me. Bedreigde me. Bood me geld. Veel geld."

"Maar je wilde niet meedoen, je wilde clean blijven. Dat had je thuis beloofd. Die vrouw van jou is ook niet gek."

"Klopt, zei ik ook, maar hij bedreigde mijn familie, man, ik kon niet anders."

Carlos Montoya luisterde aandachtig mee in de centrale kamer. Juan was de allerbeste ondervrager, zo goed dat zijn naam ook bekend was in de onderwereld. Het was de killersblik in Juans ogen. Een Italiaanse voorstopper was er niets bij. De blik van macht over de psyche van de ander. Vroeg of laat zou je breken, dat was een uitgemaakte zaak.

"Carnevale. Fabricio Carnevale is de man."

De opgepakte bende bleek een splintergroepering van de ETA. Oud-ETA-strijders waren een half jaar geleden individueel benaderd door een Italiaanse organisatie. Hun opdracht was simpel: zes spelers onder druk zetten en chanteren: spits Breedveld van Holland, spits Batista van Argentinië, en de keepers Tostao van Brazilië, Dietmar Eigenwasser van Duitsland, Steve Shilton van Engeland en Orlando Zubita van Spanje. Geen financiële maar emotionele chantage: geliefden kidnappen of, zoals in het geval van beide keepers, dreigen met de ontvoering van hun kinderen.

Tegelijkertijd waren vier scheidsrechters benaderd, die voor een aardig zakcentje best een paar dubieuze beslissingen wilden nemen. Zo hoog was de vergoeding van een arbiter niet, ook niet voor semi-profs die tijdens het WK actief waren. Slechts twee bondscoaches waren onder druk gezet. Heitinga van het Nederlands elftal. Dit was op voorhand niet de bedoeling geweest, maar vanwege de commotie die ontstaan was door de ontvoering van assistent-trainer Been, noodzakelijk geworden. De bondscoach van Nigeria, de relatief onbekende Fransman Didier La Fontaine, was wel heel creatief te werk gegaan nadat hem een koffer vol euro's voor ogen was gehouden. Hij kocht de kok van het nationale elftal om en liet hem besmette kip serveren de avond voor de beslissende wedstrijd tegen Duitsland. De halve selectie bezweek aan acute buikloop en de verrassende uitschakeling van favoriet Nigeria was een feit. La Fontaine had via een achterdeur het kampioenschap verlaten en was ook bij nader onderzoek niet te traceren.

Na acht uur ondervragen in vijf verschillende kamers begonnen voor Montoya langzaam de stukjes van de puzzel in elkaar te vallen. Liefst zes van de tien verdachten waren bereid onder ede te getuigen tegen de vermoedelijke bendeleider. Niet verwonderlijk, gezien het strafblad dat de meeste bezaten en de daarop te verwachten straffen. Naam en verblijfplaats van de spil in hun opdracht werd uiteindelijk zonder blikken of blozen vrijgegeven. De hoofdverdachte bleek ondergedoken in Marbella, Zuid-Spanje, absoluut gezien een mijl op zeven van Tarragonna, maar Carlos en zijn mannen hadden hem in no time te pakken weten te krijgen. Fabricio Carnevale was een beruchte, internationaal opererende crimineel, vooral actief in het kunstcircuit. Al verschillende keren bij verstek veroordeeld in Italië, maar tot dusver voortdurend uit handen van de politie gebleven. Carlos vatte het op als zijn persoonlijke missie om de man eindelijk achter de tralies te krijgen. Daarnaast had Carlos het sterke vermoeden dat er meer achter zat, er moest een motief zijn. Nadat hij na een tumultueuze achtervolging uiteindelijk werd opgepakt aan boord van zijn kruiser, twee mijl buiten de Costa del Sol, sloeg ook Carnevale uiteindelijk door. En bewijs was er ook. De beelden en geluidsopnames op de personal van Carnevale lieten niets aan duidelijkheid te wensen over.

Carlos en Juan stonden elkaar in de centrale ruimte van het bureau ongelovig aan te staren. Als het allemaal waar was, liepen sport, politiek en internationale betrekkingen dwars door elkaar.

Dit zou ongetwijfeld een grandioos schandaal worden. Maar hun kostje was gekocht. Ze omhelsden elkaar, sloegen elkaar stevig op de schouders, om vervolgens als een speer aan de slag te gaan. Het zou nog een hoop tijd kosten om de Spaanse en de Italiaanse autoriteiten te overtuigen.

41

Carlos Montoya rende naar zijn auto. Het was acht uur, een kwartier voor aanvang van de tweede halve finale van het WK: Argentinië-Italië. De afstand tot Nou Camp was tien minuten, zwaailicht en sirene inbegrepen. Deze opdracht wilde hij persoonlijk vervullen. Zijn bolide kwam met piepende banden tot stilstand voor het stadion. Na gewapper met pasjes en insignes wist hij tot in de catacomben door te dringen. Vervolgens kreeg hij via Pablo Morientes, ondercommissaris van de politie van Barcelona, die hij nog kende van de opleiding en die altijd in Nou Camp te vinden was bij een belangrijke wedstrijd, toegang tot de Argentijnse kleedkamer. Het was drie minuten voor de volksliederen en de ploegen zaten nog binnen. Montoya bonkte op de deur. Coach Alberto deed open.

"*Senor,* ik moet Batista spreken, het is heel erg belangrijk."

De Argentijnse bondscoach keek hem glazig aan. Wat moest die Spaanse snijboon hier ineens? Hoe haalde hij het in zijn hoofd om op dit moment, vlak voor het belangrijkste moment uit hun voetbalcarrière, plompverloren binnen te komen vallen? En waarom moest hij zo nodig Batista hebben? Hij was toch zeker de baas van de spelers? Daar klonk het schrille geluid van het signaal voor de aanvang van de wedstrijd. De spelers pepten elkaar op, er werd geschreeuwd, gevloekt, in handen geklapt en met de voeten gestampt. Alberto zag de vastberaden blik van Montoya, haalde zijn schouders op en pakte de in trainingspak gestoken Batista in het voorbijgaan bij de arm. De Argentijnen hadden lang getwijfeld, maar voor de halve finale moesten ze iets doen: Batista had nog helemaal niets klaargespeeld dit toernooi. Alberto had dan ook een basisplaats gereserveerd voor het grote talent Manuel Bertoli; hij kon niet anders. Met pijn in zijn hart had hij Hernan Batista, de grootste spits sinds Mario Kempes, gisteren van zijn beslissing op de hoogte gesteld. Het gekke was dat Batista niet eens teleurgesteld had gereageerd. Sterker, hij bespeurde een zekere opluchting in zijn ogen.

Carlos Montoya nam de spits meteen apart. "*Ola* Hernan, luister, je vrouw is gezond, ze is veilig in handen van de politie, de zaak is opgelost."

Batista keek Montoya diep in de ogen aan, hij twijfelde. Montoya pakte zijn personal en liet hem bellen met zijn vrouw Maxima. Na het gesprek gaf Hernan het mobieltje terug en barstte in tranen uit. Hij zakte op de grond, sloeg met zijn vuisten op de plavuizen en schreeuwde het uit. Een minuut later herpakte hij zich en omhelsde Carlos. Deze greep hem goed vast en duwde hem daarna in de richting van het veld: "En nu als de sodemieter laten zien wat je waard bent. Argentinië verdient een plaats in de finale."

Batista liep naar het veld, de volksliederen waren al ingezet. Terwijl de spelers poseerden voor de elftalfoto liep hij snel op coach Alberto af: "Coach, ik weet dat ik als een drol heb gespeeld, maar alles is nu over. Ik leg het nog wel uit. Ze hebben me bevrijd. Vanaf nu kan ik gewoon vrijuit voetballen. Breng me d'r straks in. Tweede helft. Ik ga scoren, ik voel dat ik het kan."

Alberto staarde in twee ogen vol vuur, verlangen en verdriet. Seconden lang stonden ze daar, tot een orkaan van geluid losbarstte: de wedstrijd was begonnen. In de dug-out kon Alberto zich maar met moeite volledig op de wedstrijd concentreren. Nog nooit had hij zo'n gretige spits op de bank zien zitten.

De ruststand was 0-0. De ploegen waren aan elkaar gewaagd, maar beide coaches hadden gekozen voor een defensieve tactiek. De scheidsrechters trokken nog de meeste aandacht. De Argentijnen kregen liefst zeven keer geel, de ene kaart nog merkwaardiger dan de andere. Drie keer mochten de Italianen vanaf de rand van de zestien meter een vrije trap nemen, zonder dat ook maar sprake was van een overtreding. Hierop had coach Alberto druk gebarend zijn ploeg tot kalmte gemaand en had Argentinië ongeschonden de rust bereikt. Vloekend en tierend liep hij de catacomben in, maar tegen de scheidsrechters hield hij keurig zijn mond.

Montoya had genoeg van de eerste helft gezien om in de pauze contact te zoeken met de Griekse scheidsrechters Anatopoulos en Charisipiles. In de kleedkamer hoefde hij zich eigenlijk alleen maar te identificeren, zo vaak gebeurde het niet dat arbiters tijdens de thee politie over de vloer kregen. Natuurlijk hadden ze geld aangenomen, wat konden ze anders? Ook voor de dreigementen waren ze niet ongevoelig geweest. De ene leidsman trok zijn pak al uit, half huilend. Zijn collega begon luidkeels te vloeken. Montoya schudde zijn hoofd. Natuurlijk moesten ze doorfluiten. Stond er niet zoiets als eergevoel op het spel? En misschien konden ze hun straf verminderen door een onberispelijke tweede helft te fluiten.

Carlos Montoya had zich één ding voorgehouden: hij zou het WK niet laten verknallen door een stel criminelen uit Italië. Dat zou onherroepelijk zijn vaderland in diskrediet brengen. En ook de FIFA was niet gebaat bij commotie. Pas als het hele toernooi achter de rug was, moesten ze de gevolgen maar overzien.

Vanuit de gang met de kleedkamers nam hij de lift naar boven. Het stadion trilde toen hij de ereloge opliep. De Argentijnen hadden de score geopend, maar Monotoya drong onverstoorbaar verder, op weg naar de voorste rij. Daar zat de voorzitter van de FIFA, gemakkelijk te herkennen aan de doorschijnend lichtblauwe ogen en de lichtgrijze, maar volle haardos. De oogkassen leken in de loop der jaren nog verder uitgehold. Heimelijk had Montoya altijd grote bewondering gehad voor de Italiaanse vedette van rond de eeuwwisseling. Hoe lang had hij niet aan de wereldtop gestaan? Een palmares om je vingers bij af te likken. Het enige wat je misschien op hem zou kunnen aanmerken, was dat hij een jaartje te laat was gestopt. Maar dat was destijds nu eenmaal het beleid bij AC Milan: routine kreeg altijd voorrang. Montoya had in hetzelfde Nou Camp nog een handtekening gescoord voor zijn zoontje, vlak nadat Barça voor het eerst in jaren weer eens een Europese finale had gehaald. Gelukkig hadden ze hem voor het internationale voetbal kunnen behouden. Eerst als coach, van Napoli en daarna van Parma, om vervolgens meteen door te stoten naar de hoogste bestuursfunctie en Michel Platini af te lossen als FIFA-voorzitter. Montoya tikte de voorzitter resoluut op de schouder. Paolo Maldini keek verbaasd op. Kende hij deze Spanjaard ergens van? Zijn blik was in elk geval dwingend genoeg. Hij stond op en liep achter de man aan naar het gangpad. De boodschap was hem snel duidelijk. Het volgende moment pakte Maldini zijn personal.

Twintig meter lager was Hernan Batista, centrumspits van Real Madrid, ook wel The Hernanator genoemd, intussen helemaal los. De wetenschap dat zijn vrouw veilig was, had hem bevrijd. Alle opgekropte frustraties moesten eruit in de tweede helft. En hij was toch al gebrand op een ijzersterk toernooi nadat die spits uit Holland een contract bij Madrid had getekend. *"Ai mi madre, que pasa? Who the fuck is Kees Keijzer?"*

Als het moest, was hij dwars door een muur gegaan op het veld van Nou Camp. De Italianen probeerden er met man en macht een op te trekken. Maar de granieten Italiaanse verdedigers konden zuigen en schoppen wat ze wilden, hij hoorde en voelde niets. Als weerloze marionetten figureerden ze in de grote Batista-show. Onweerstaanbaar wervelde Hernan Batista langs de Azzurri om tweemaal vernietigend uit te halen. Argentinië won de wedstrijd dik verdiend met 2-0.

42

In zijn buitenverblijf in de bergen van Como zat president Berluscito beduusd voor zich uit te staren. Uitschakeling dreigde voor Italië, laat iemand hem vertellen dat het niet waar was. Hij nam nog maar een slok van zijn Chianti Classico uit 2002, die hij speciaal voor deze gelegenheid uit de wijnkelder had laten aanrukken. Francesco Tortolani, minister van Economische Zaken, spuugde er trouwens ook niet in. Vol ongeloof zaten ze samen voor de vijf bestuurbare panorama-screens. Dat interactieve gedoe hoefde niet zo voor Berluscito, maar de geurdispenser was absoluut een uitkomst. Je moest gras ruiken als je naar voetbal keek. De eerste helft verliep volledig volgens plan: tijdstraffen voor Argentinië, veel onterecht meegekregen vrije trappen en een handvol kansen voor de Argentijnse goal. Nee, dat liep lekker. Zoals het hele toernooi tot dusver volgens plan was verlopen. Tot die ellendige tweede helft. Die godvergeten Batista. Onbegrijpelijk dat die spits nog steeds in Spanje speelde. En dan die scheidsrechters... Volledig omgeslagen, leek het wel. Hoeveel hadden ze die Grieken wel niet geboden? Berluscito kon bellen wat hij wilde, de wedstrijd liep volledig uit de hand. Hij zoomde nog maar eens in op de eretribune. Was er dan niemand die nog iets kon doen?

43

Bram werd wakker in een hotelkamer die hij totaal niet thuis kon brengen. Toch voelde alles heel vertrouwd en warm. Naast zich hoorde hij een bekend geluid. Zijn bloedeigen Simone lag naast hem, alsof er niets was gebeurd. Haar ademhaling klonk rustig. Heel anders dan de afgelopen avond en nacht. Alles was eruit gekomen. Bij Simone maar ook bij Bram. Tranen van blijdschap, woede en opgekropte frustraties. Momenten dat hij haar met geen vinger mocht aanraken. Momenten van radeloze paniek. Dit was dan wat ze noemden een shocktoestand. Dat ze in zijn arm kneep, plotseling naar het raam rende, controleerde of de deur niet op slot zat. Voortdurend moest hij haar overtuigen dat het echt allemaal voorbij was. Dat ze voorgoed bevrijd was.

Ze droeg de hele dag een zonnebril voor haar rooddoorlopen ogen, die maar niet aan het daglicht konden wennen. Tot diep in de nacht had hij naar haar verhaal geluisterd, ademloos. Ze was uitgehongerd; zeker drie keer had hij roomservice laten komen. Maar Bram wist maar al te goed hoe sterk ze was; ze zou er snel bovenop komen. Vooral wanneer ze alles eruit gooide, uithuilde tot de laatste bittere tranen.

Een paar keer dook zijn broer Tim op in zijn gedachten. Tim op het voetbalveld, die gebaarde dat hij diep moest gaan. Op het pleintje waar ze het record overkoppen probeerden te verbeteren. Tim naast hem in bed, thuis. En dan ineens zijn rode jas onder het ijs. Hij drukt zich tegen Simone aan. Huilend. Het volgende moment vroeg hij haar opnieuw het kamertje te beschrijven waar ze haar gevangen hadden gehouden. Hoe ze haar op het vliegveld hadden meegenomen. Wat ze haar te eten hadden gegeven. Alles moest eruit. Juist die eerste dagen moest ze haar hart luchten. Daar was hij zelf dan misschien nooit zo'n held in geweest, hij wist dondersgoed hoe belangrijk het was. Juist nu alles nog zo vers was.

Soms zwegen ze een tijdje. Vol ongeloof en verbazing. Dan volgde een stroom grofstoffelijke vloeken om zo veel onmenselijkheid. Soms ook was alles weer gewoon. Dan schoten ze in de lach om een harde scheet. Alsof alles weer volstrekt normaal was.

Tussendoor wilde Simone alles weten van de wedstrijden. Na Senegal had ze niets meer van het toernooi gezien. Da's waar ook, dat WK was er ook nog. Er stond zelfs een finale voor de deur. Overmorgen al.

"Nou ze krijgen nog een zware dobber aan die Argentijnen, Simoon."

"Hoezo 'ze'? Jij doet toch gewoon mee?"

"Ik weet niet. Eigenlijk blijf ik liever hier, bij jou."

"Doe jij even normaal, man. Jij gaat gewoon spelen. Ze hebben je nodig."

"Maar dan moet ik terug naar het hotel. Enne... dan ben jij helemaal alleen. Dat kan toch niet?"

"Bram, moet jij nou eens even goed naar mij luisteren. Ik heb net acht dagen in mijn uppie in een koude kamer gezeten, met nauwelijks te eten en te drinken. Ik wist niet eens zeker of ik nog wel wakker zou worden. Dan moet ik het toch nog wel een dagje zonder jou kunnen uitzingen, denk je niet? Bovendien, de hele familie is er. Straks pak jij lekker een taxi naar het hotel."

Het was maar goed dat ze na de bevrijdingsactie waren ondergebracht in het familiehotel van de neef van Carlos Montoya. Daar zouden ze nog even onvindbaar zijn. Teruggaan naar het spelershotel was voorlopig geen optie, had hij met Heitinga besloten. Het zou alleen maar extra druk leggen op de spelersgroep. Zijn medespelers zou hij zelf vertellen wat er allemaal gebeurd was. Dat hadden ze wel verdiend.

Het onderonsje met de bondscoach was een verademing geweest. Noodgedwongen hadden ze allebei verstoppertje gespeeld. Al die tijd had Heitinga zijn vermoedens gehad en al die tijd had hij hem niets laten merken. Bovendien had hij hem gewoon in de basis laten staan. Dat was nog eens vertrouwen. Dat sprak ook uit de innige omhelzing toen ze elkaar op het politiebureau weer tegenkwamen. Na afloop van het WK zouden ze de hele geschiedenis in alle rust doornemen. Maar nu eerst die finale. En of Bram bij de selectie zou zitten, was absoluut niet aan de orde voor Heitinga. Eerst moest hij alle tijd nemen voor Simone en voor zichzelf. Natuurlijk wilde Heitinga die beker pakken, maar niet ten koste van alles. Er bestond ook nog zoiets als een menselijke maat. Daarom hadden ze afgesproken dat ze van dag tot dag de situatie zouden aankijken. Heitinga wist precies wat hij aan zijn spits had, maar eerst moest alles weer helemaal op orde zijn. Bovendien kon hij zich wel een voorstelling maken van de doorwaakte nachten van Bram. Hij had zelf ook alleen maar lopen malen in het spelershotel. Wereldgozer, die Heitinga.

44

Op weg naar het spelershotel liet Bram de taxi stoppen. Hij gaf de chauffeur het adres op dat Carlos Montoya hem had gegeven. Een wat afgelegen hotelletje waar ze hem nog wat langer konden afschermen. Zodra hij zijn naam zei, gaf de receptionist hem het kamernummer. Even later klopte hij voorzichtig op de deur van de hotelkamer. Geen reactie. Durfde hij naar binnen? Hij moest naar binnen.

Op de rand van het bed zat Mario Been. Zijn vrouw hing half over hem heen. Been keek hem verbaasd aan, verwilderd haast. Maar het volgende moment rende hij op hem af. De twee volwassen mannen bleven elkaar vasthouden. Bram schraapte zijn keel. Op de een of andere manier wilde hij zich verontschuldigen. Iets over 'zijn rug tegen de muur' en dat hij Been er helemaal niet in had willen betrekken. Maar voor hij iets kon uitbrengen, legde Been zijn vinger op zijn lippen.

"Bram jongen, jíj kon er toch niets aan doen? Simone zat er ook. Achteraf denk ik dat ik haar gehoord heb. Het was een hel, maar het is nu achter de rug. Eén ding jongen: schiet er voor mij één in tegen die Argentijnen, schiet er alsjeblieft één in!"

45

Het zonovergoten trainingscomplex van Tarragonna stond bol van de verwachtingen. De 'Naranja Mechanica' had bezit genomen van het kunstgras. Iedereen stond op scherp. Precies op tijd meldde Bram zich bij het trainingsveld. De hele selectie stond rond de middenstip bij het duo Heitinga en Wouters. Vluchtig groette hij de licht verbaasde spelers. Als ze hem maar geen vragen gingen stellen. Hij was gekomen om lekker tegen een bal te rammen. Nu nog maar één ding: de finale. Tino kwam als eerste op hem af, een *high five* en een korte omhelzing. Daarna grepen de spelers hem één voor één bij de arm, knepen hem in zijn dijen, beklopten zijn schouders. Geen woorden nu. Lekker voetballen. Wouters stond al hesjes uit te delen. En al had de bondscoach iedereen verzekerd dat ze daar geen conclusies aan mochten verbinden, natuurlijk speelde Bram bij de reserves. Rolde de eerste bal in het partijtje nog vrolijk onder zijn voet door, de volgende joeg hij snoeihard in de kruising. Bergkamp ging aan de zijlijn uit zijn dak. "Klasse Brammie, één keer raken."

Na een half uur legde Heitinga het spel stil: "Heren, vandaag de laatste training voor de finale morgen. Ik weet niet hoe het met jullie zit, maar ik kan niet wachten tot het zover is. Er ligt roem en rijkdom voor ons in het verschiet. Laat het maar gebeuren! We spelen nog een aantal korte partijen, vijf minuutjes zes tegen zes, maar dan maximaal en alles volle bak. Gericht op scoren, scoren en nog eens scoren. De keepers blijven staan en de spelers rouleren. En van mij mogen die keepers een hernia krijgen van de bal uit het net halen, als je begrijpt wat ik bedoel!" Gegrinnik in de groep. "En weet, niets staat vast, alles in onzeker, iedereen krijgt een kans. Ik zou zeggen, grijp die kans!"

Heerlijk, Heitinga kon je altijd zo raken bij zo'n korte bespreking. Bram voelde de adrenaline stromen, was volledig gefocust. Net als de rest van het team. Het werden partijtjes waar de stukken vanaf vlogen. Doelpunten te over. Bram maakte er vier. Aan zijn vorm mankeerde helemaal niets. Klaar voor de finale. Zijn lichaam voelde licht, hij zweefde over het veld, de zwaartekracht kreeg geen vat op hem. Vasthouden dit gevoel.

46

Achter in de zaal opende Heitinga de visualwall waarop hij het strijdplan tegen de Argentijnen uit de doeken zou doen. De voltallige technische staf zat rond de tafel. Eén voor één druppelden de spelers binnen. De sfeer in de groep was geweldig, maar daags voor de belangrijkste wedstrijd van hun carrière nam de druk flink toe. Wie wilde er nou niet schitteren in een WK-finale? Maar Heitinga moest spelers gaan teleurstellen, zo veel was zeker. Het vervelendste onderdeel van het coachen. Maar ja, topsport is topsport; sentimenten moesten zonder omhaal terzijde worden geschoven.

Delano Dutselaar en Zeeger Seedorf kwamen breed grijnzend binnen drentelen. Voor die jongens was er geen vuiltje aan de lucht; die hadden nooit last van druk of stress en waren altijd opgewekt. Althans, zo leek het. Bram wist wel beter. Bij twee interlands had hij met Dutselaar op de kamer gelegen en die gast was af en toe één brok zenuwen. Maar ja, dit is de voetballerij, dat laat je niet zien natuurlijk.

Zodra iedereen was gaan zitten, nam Heitinga het woord: "Heren, ik geloof dat iedereen er is. Laat ik maar meteen met de opstelling beginnen…"

Bram stond op: "Eh trainer, sorry, als ik u even mag onderbreken…?"

Hij wist dat dit absoluut ongebruikelijk was onder Heitinga, maar de bondscoach begon breed te grijnzen, maakte een diepe buiging en ging zitten. Dennis Bergkamp sprong op en begon enthousiast in zijn handen te klappen: "Brammie, Brammie!"

In vijf minuten deed Bram het hele verhaal. Daarna zwegen spelers en technische staf eerbiedig. Bergkamp sprong opnieuw overeind, liep op hem af en gaf hem een onvervalste brasa. Een luid applaus van de groep volgde, waarna Heitinga het woord overnam. Meteen was het weer doodstil.

"Heren, wat ik het belangrijkste vind, is dat iedereen ongedeerd is. En Bram, ik denk dat ik namens de hele groep spreek als ik zeg dat ik je oprecht bewonder. Laten wij met zijn allen een voorbeeld nemen aan jouw gedrag. Op voorhand leek jouw missie gedoemd te mislukken. Misschien is het zo dat wij morgen voor de buitenwereld eenzelfde missie hebben. Het grote Argentinië is gezien de historie toch torenhoog favoriet. Nou, als wij morgen dezelfde kracht en energie kunnen vinden en die kunnen bundelen tot een echt team, dan maken we een kans. Een absolute kans. En om maar meteen met de deur in huis te vallen, Bram jij speelt. Als je het aankunt tenminste."

Bram ging weer staan: "Het klinkt misschien gek, maar ik heb de afgelopen dagen veel aan mijn tweelingbroertje gehad. Niet iedereen weet dat, maar Tim leeft niet meer. Hij is verdronken toen we tien waren." Bram voelde de tranen opkomen, maar verbeet zich. "Tim kon eigenlijk veel beter voetballen dan ik, maar wij hadden besloten om sámen profvoetballer te worden. We hebben elkaar ook beloofd om er alles aan te doen om net zo goed als Van Nistelrooy en Robben, onze helden toen, te worden en wereldkampioen te worden. Nou, morgen is de kans mijn belofte aan hem in te lossen. Dus ik speel. Met jullie."

Dutselaar en Seedorf waren de eerste die reageerden; ze begonnen hard te klappen. En ineens ontstond er iets wat op een staande ovatie leek. Iedereen klapte en joelde. Ook de technische staf.

Kort daarop schraapte Heitinga zijn keel: veel woorden had hij niet meer nodig. Scherper kon hij ze niet krijgen. "Goed, heren, we beginnen met de volgende elf. Van Zinnigen. Achterin is verder bekend: Van Meeuwen, Stuyvesand, Dutselaar, Giariva. Op het middenveld Soudijn. Simon, waar zit je, pikkendoos? Ik vond dat je het fantastisch deed in de halve finale. Naast jou spelen Luijendijk en Kruyswijk. Kees Keijzer, waar is die knakker, mensen kinderen wat een invalbeurt, jij speelt achter Tuhuteru en Breedveld, ik heb er alle vertrouwen in dat je het niveau van Spanje nu een hele wedstrijd laat zien. De anderen, we hebben jullie hard nodig morgen. Voor de support, maar ook als je erin komt, we hebben jullie kei- en keihard nodig. De Argentijnen spelen hun bekende 4-4-2, in grote lijnen net als wij. Met dit verschil dat ze altijd geneigd zijn bij balverlies een meter of tien, vijftien verder in te zakken dan wij. Jan, heb jij nog wat?"

Wouters kwam met de laatste tips. Droog en nuchter.

"Oké, gasten, die keeper, die Tarantino, heeft én geen smaak - ik heb zijn vrouw laatst van dichtbij gezien - én geen linkerbeen. Dus bij terugspeelballen op links, vol druk zetten Bram en Tino. Van die twee moordenaars in het centrum vind ik Fulantes opbouwend het minst; vrij laten dus en Bonivatio onder druk houden. Rechtsachter Multivariota heeft twee zuurstofflessen op zijn rug, dus jij kan vol aan de bak, Soudijntje! Wat ik wel opvallend vind, is dat hij altijd twee aannames nodig heeft. Komt bij, zijn linker is van hout. Direct erop zitten, zou ik zeggen. Op het middenveld gaat alles over Cuerta, maar da's ook niets nieuws. Hij houdt ervan om de bal met rechts aan te nemen en dan over te pakken met links.

Voorin is bekend. Marquantez is in vorm, heeft er al vier in liggen en schiet uit alle standen op goal. Vooral met rechts. Dus Stuyvesand, kort dekken, en dan bedoel ik echt kort dekken. Je moet zijn nekpuisten kunnen uitdrukken! Laat hem maar kaatsen en weglopen, maar zijn grote kracht is het schieten, dus afdekken tot je erbij neervalt. En bij corners loopt hij altijd sneaky weg buiten de zestien om dan ineens bij de tweede paal op te duiken, let daar op. Ja, en dan hebben we Batista. Ik weet het niet, hij speelt dit toernooi als een drol, maar het hoe en waarom is intussen ook duidelijk. Zal dus wel losbarsten, morgen. Sorry Bram, maar ik denk dat Dutselaar morgen maar iets smerigs over zijn vrouwtje moet zeggen."

Tino kon zich niet inhouden: "Trainer, dat lijkt me niet zo'n goed idee, daar maak je hem alleen maar sterker mee. Mijn ervaring is: een goede tackle van achteren, heel kort op de achillespezen blijven, doodzwijgen die kerel en gewoon stoïcijns en focust, dan raakt hij geïrriteerd."

"Perfecto, Tino. Kun jij het ook volgen, Dutsie? Stoïcijns en focust. Met een rotschop."

Ten slotte nam Bergkamp de dode spelmomenten nog eens door aan de hand van beelden van dit toernooi en had Lodewijks alle tegendoelpunten van Argentinië in de afgelopen jaren achter elkaar gezet, waarbij liefst acht tijdens dit toernooi. Daar lagen kansen, zonder meer. Volgens de technische staf lag dit vooral in de omschakeling van het middenveld. Dat was hun zwakke punt. Eén voor één kwamen de doelpunten voorbij, die door Seedorf en Ebonque met zacht gejuich begeleid werden. Dit werkte altijd goed door in de psyche van de ploeg. Onoverwinnelijk was deze ploeg niet, er kon gescoord worden!

Heitinga eindigde de tactische sessie met een lekkere samenvatting van het toernooi van Oranje tot nog toe. Een prachtige compilatie van alle hoogtepunten.

47

El Stadio Nou Camp was al een half jaar van tevoren uit-
verkocht. Veel Spanjaarden, teleurgesteld door het verlies van hun
eigen helden, deden hun kaarten voor grof geld van de hand. Een
plaatsje op de tweede ring voor duizend euro was geen uitzonde-
ring. De Oranjegekte kende geen grenzen, en ook duizenden
Argentijnen waren op goed geluk naar Spanje gevlogen. Sinds de
dagen van Maradona in de jaren tachtig van de vorige eeuw waren
de blauwwitten niet meer zo sterk geweest. In 2002 hadden ze een
geweldig elftal, maar dat sneuvelde volledig onverwacht en onterecht in de poulewedstrijden. Tien jaar later werden ze kampioen, maar dat gebeurde met een elftal dat nauwelijks tot de verbeelding sprak. Dit elftal wel. Het was nu of nooit.

Argentinië – Nederland was ook de revanche van het WK van
1978: de ingepakte hand van René van de Kerkhof, het intimide-
rende publiek in Buenos Aires, de onverstoorbare Johan Neeskens,
Rob Rensenbrink die twee centimeter verwijderd bleef van eeuwige roem, tot uiteindelijk de onnavolgbare Mario Kempes gena-
deloos had toegeslagen. De wedstrijd was ook een replay van het
WK 1998, met de rode kaart van linksachter Numan, de kopstoot
van de Argentijnse balvirtuoos Ariel Ortega waarna doelman
Edwin van de Sar als stervende zwaan naar het gras was gegaan,
de pass van libero Frank de Boer en de balletdans van de magni-
fieke Dennis Bergkamp. Of de teleurstellende laatste en beslissende poulewedstrijd in Duitsland in 2006, waar het jonge feno-
meen Lionel Messi eigenhandig Nederland een desillusie had
bezorgd en Oranje werd uitgeschakeld ten faveure van Ivoorkust,
onder leiding van de ontketende Bonaventure Kalou. De ware

voetballiefhebber kon geen genoeg krijgen van deze beelden. Daags voor de finale waren ze niet van het beeldscherm te branden.

Bernard van Strie gorgelde nog een laatste keer zijn keel, streek zijn haren naar achteren, rechtte zijn knaloranje stropdas en trok meteen van leer. Dit was het moment waarop hij zo lang gewacht had, waar hij jaren aan gewerkt had: commentaar geven tijdens een WK-finale.

"Beste mensen, welkom bij de grootste voetbalshow op aarde, het hoogtepunt van het jaar, de topper van het titanentoernooi, de finale van het WK. Het machtige Argentinië, op voorhand de huizenhoge titelfavoriet, gaat het opnemen tegen Onze Jongens. Negentig minuten, misschien langer, we weten het niet, scheiden één van beide teams van eeuwige roem. Na de decepties van 1974 en 1978 staat het Nederlands voetbalelftal opnieuw in een finale van een WK. Onverwacht en absoluut verrassend, maar toch, een finale is een finale. En die moet gewonnen worden. Heitinga heeft zich dit toernooi absoluut van zijn sterkste kant laten zien, met tactische meestervondsten en bovenal het creëren van ultieme teamspirit. Nog nooit zag een elftal er zo hecht en verbeten uit als dit Nederlands elftal. Ik geef u de opstellingen. Eerst de Argentijnen, die worden geleid door Jorge Alberto. Op doel de keeper van Boca Juniors, Ariel Tarantino. Achter: op links Gabriel Muriel van Español, centraal van Barcelona Xavier Bonivatio en Pablo Fulantes van River Plate. Op rechts: in de zone Eduardo Multivariota, uitkomend voor het Braziliaanse Fluminese.

Het middenveld met aanvoerder Victor Zorrequiano van Inter Milaan, linkspoot Fernando Poeto, spelend voor Olympique Marseille en dus ploeggenoot van onze Numani N'Kunku. De heren kennen elkaar goed; ze gingen twee maanden geleden op een training met elkaar op de vuist na een overtreding van de Argentijn. Het Oranjemiddenveld kan de borst natmaken met dit heerschap. Het middenveld wordt gecompleteerd door Carlos Cuerta van River Plate en de verrassend gekozen Nuno Callente van Independiente. De aanval wordt gevormd door sterspeler Hernan Batista, we zagen hoe hij hoogstpersoonlijk Italië naar huis schoot in de halve finale, naast hem Juventus-grootheid Mario Marquantez. Voorwaar een heel sterk elftal.

Dan het Nederlands elftal. Heitinga stuurt de volgende elf het veld in. In het doel de grote man van de Hamburger Sport Verein, aanvoerder Sam van Zinnigen. Achterin het vaste kwartet Mathijs van Meeuwen, Stef Stuyvesand, Delano Dutselaar en Gianni Giariva. Het middenveld wordt bemand met dé verrassing van de halve finale, Simon Soudijn, jawel de dappere strijder staat opnieuw in de basis.

Voor hem, achter de spitsen - Heitinga kan niet langer om hem heen - Kooltjes-Koning Kees Keijzer, de nieuwe man van de Koninklijke uit Madrid. Wat ging die man tekeer in de halve finale, hopelijk heeft hij nog wat over voor vandaag. Op de zijkanten de vaste waarden Lennard Luijendijk en Kasper Kruyswijk. En in de spits niemand minder dan de twee boezemvrienden, Sjors en Sjimmie, Tino Tuhuteru van Barcelona en Brammetje Breedveld van Feyenoord Rotterdam."

Op de reservebank zocht Pim de la Crosse zijn plaatsje, ditmaal naast Quincy Quansah. Heitinga had erop gestaan dat Quansah op de bank mocht plaatsnemen in zijn trainingspak met gipspoot, hetgeen ongebruikelijk is voor een geblesseerde voetballer. De la Crosse legde vaderlijk zijn hand op Quansah's knie: "Jongen, het is waardeloos dat je hier zit en niet op het veld staat, maar realiseer je één ding: zonder jou hadden we hier nu niet gestaan. Zonder jouw doelpunt hadden we nu thuis voor de buis gehangen met een flesje bier."

48

Bram was vlak voor de wedstrijd zoals altijd totaal in zichzelf gekeerd. Eigenlijk zou hij zich het liefst helemaal afzonderen, maar dat kon nu eenmaal niet bij een teamsport. Wel zorgde hij ervoor dat hij zich helemaal kon focussen. Concentratie en toewijding hadden hem aan de top van het internationale voetbal gebracht. Echt toegankelijk was hij nu niet meer, alleen nog te bereiken door een beperkt aantal mensen. Mario Been was zo iemand, en nu helemaal, na alles wat er gebeurd was. Maar Been had besloten niet terug te keren binnen de groep. Hij was zwaar aangeslagen op het vliegtuig naar Holland gestapt. Terug naar huis, terug naar zijn vrouw en kinderen. Wel had hij de spelers in het hotel bezocht. Het was een zeer emotioneel tafereel geworden. Been werd eigenlijk door iedere speler op handen gedragen. Het was ook een man om van te houden. Warm van binnen en altijd in staat om je te raken met een geintje of een sneer, omdat hij wist wat er in je omging. Brams hart klopte in zijn keel, de adrenaline wervelde door zijn bloedvaten. Zeker, hij zou er eentje inprikken voor Been.

Naast Tino liep hij door de spelerstunnel. De gang naar het veld was fantastisch. Meedogenloze blikken in de ogen van die Argentijnen. "Voor je blijven kijken, Tino, we zien ze niet. Weet jij tegen wie we spelen?"

Nee, dan Kees Keijzer. Brutaal gaf hij een speels tikje op de billen van Batista. Over een week of vier waren ze collega's bij Madrid. Nu nog even niet.

Toen ze het veld betraden, brak een orkaan los. Oranje-blauw-wit. Overal oranje-blauw-wit. De line-up. De volksliederen. Bram

sidderde van genot. Koude rillingen, kippenvel, haren recht overeind. En Simone zat ongeschonden op de tribune, hij wist precies
waar ze zat. Toen hij de catacomben uitkwam had hij direct contact
gezocht. Hij zwaaide, meteen zwaaide ze terug. Naast haar zaten
haar ouders, Brams ouders, en natuurlijk zijn broer en zus met
aanhang. Hier stond hij, Brammetje Breedveld, de trotse tweelingbroer van Tim Breedveld, uit Arnhem, vlak bij zijn grootste jeugd-
droom: schitteren in de WK-finale. Waar hij het hele WK de tekst
kwijt was geweest, zong hij nu uit volle borst het Wilhelmus.

**Scheidsrechters Barreto en Gamol uit Portugal fluiten voor de
aftrap. Het Oranjelegioen ontploft. Argentinië controleert de wedstrijd, Nederland probeert overeind te blijven en loert op de tegen-
aanval. Brams eerste balcontact is pas na acht minuten. Een diepe bal
van Tevreden op links, verlengt hij met een geplaatste kopbal op Tino,
die op rechts vrijloopt. Deze bedenkt zich niet en volleert de stuite-
rende bal in één keer op het doel. De vuisten van keeper Tarantino
weten een vroege voorsprong voor Oranje te voorkomen, maar wat
een pegel en wat een visitekaartje geven Tino en Bram hiermee af!
Dat voelt lekker, dat voelt goed. Nederland heeft dan ook niets te verliezen tegen de titelfavoriet.**

**Ook Argentinië laat zich niet onbetuigd; het lijkt een enerverende
wedstrijd te worden. Niet alleen Bram voelt zich bevrijd van al zijn
angsten, ook topspits Batista loopt over het veld als een kleuter in een
snoepfabriek. Iedere actie van hem is dreigend, iedere actie is erop
gericht zich alsnog te manifesteren als Wereldvoetballer van het Jaar.
In de 21ste minuut krijgt Batista de bal aan de rechterkant van het
veld zuiver ingespeeld door centrale verdediger Kempes, die voor het
eerst in de wedstrijd de middenlijn passeert. Soudijn zit in Batista's
nek, maar met een fabuleus hakje draait deze de bal met zijn rechter-
voet om een verbouwereerde Soudijn heen en passeert hem zelf linksom. De bal valt goed voor zijn gevreesde rechter, waarmee Batista
hard en onhoudbaar uithaalt. Tot zijn grote geluk ziet de aan de grond
genagelde keeper Van Zinnigen de bal uiteenspatten op de linkerpaal!
Centrumverdediger Dutselaar reageert als eerste alert en poeiert de
bal blind naar voren. Tino Tuhuteru vangt de bal aan de rechterkant
van het veld op. Omdat Kempes is ingeschoven, is er een gat ontstaan**

in het centrum waar Bram één tegen één staat. Tino speelt zijn directe tegenstander aan de binnenkant uit en steekt de bal achter de verdediging op de op volle snelheid liggende Breedveld. Bram controleert de bal op virtuoze wijze.

Dit is Bram Breedveld op zijn best, op topsnelheid met maar één doel voor ogen: scoren! Nog twintig meter. Hij zou kunnen doorlopen en proberen de keeper te omspelen maar zijn intuïtie besluit anders: snoeihard en loepzuiver haalt hij met rechts de trekker over en de bal slaat net onder de lat in als een bom achter de zwevende Tarantino. Nou Camp is te klein: Holland op 1-0!

Bram zweeft over het veld. Tranen wellen op en tegelijkertijd loopt hij over van blijdschap en euforie. Op het ereterras staan familie en vrienden woest te juichen. Simone slaat verbaasd de handen voor haar ogen. Ze laat haar tranen de vrije loop en er is geen zakdoek opgewassen tegen alle uitgelopen mascara. Bram loopt in trance in hun richting, spreidt zijn armen en roept haar naam, zo hard als hij kan. Zijn woorden sterven in het oorverdovende gejoel van de menigte. Een paar tellen later wordt hij bedolven onder negen in extase verkerende Oranjehemden. Van Zinnigen hangt uitzinnig aan de lat. Met de grootste moeite weet de vierde man de wild springende Bergkamp buiten de lijnen te houden. Zijn eerste kistje Bourgogne is binnen.

Argentinië lijkt licht aangeslagen na deze voortreffelijke counter; Oranje krijgt nog een aantal kansen zonder slagvaardig te zijn. Bram zou zijn optreden nog meer luister kunnen bijzetten als hij iets meer richting aan zijn kopbal had kunnen geven na een prachtvoorzet van Kees Keijzer in de 24ste minuut. Nu weet Tarantino zijn vingertoppen nog net tegen de bal te drukken, waardoor die via de lat overvliegt.

De tweede helft laat een compleet ander beeld zien. Oranje raakt de controle over de wedstrijd kwijt. Getergd en onbevreesd gaat Argentinië op zoek naar de gelijkmaker. Nederland wordt ver teruggedrongen en kan nog slechts sporadisch counteren. Tino Tuhuteru lijkt uitgeraasd na een grove charge van zijn directe tegenstander Bonivatio, waardoor de druk volledig op Bram komt te liggen. Bram voelt dat als hij een kansje krijgt, hij historie kan schrijven. Zo kan hij in de 27ste minuut na rust Oranje bijna in veilig vaarwater brengen, maar op de doellijn kan centrale verdediger Kempes een schuiver van Bram nog ternauwernood tot corner verwerken. Aan de over-kant ziet keeper Van Zinnigen steeds meer blauw-witte shirts opduiken. Batista is weer eens niet te houden door de centrumverde-digers en in de 31ste minuut na rust weet hij twee man in de luren te leggen en knalt hij met zijn formidabele rechter de bal snoeihard bin-nen. Argentinië komt op gelijke hoogte en dit is gezien het spelbeeld van de tweede helft volkomen terecht. Na de gelijkmaker gaat de Argentijnse storm liggen en kan Oranje weer wat positiespel laten zien. Kansen zijn er gedurende tien minuten niet meer.

Argentinië brengt aanvaller Pocantes voor middenvelder Cuento, waarmee bondscoach Alberto zijn aanvallende bedoelingen duidelijk maakt. Hij wil winnen. Dat wil Heitinga ook en hij vervangt de licht aangeslagen Tuhuteru voor Numani N'Kunku, de bliksemschicht van Olympique. Soudijn ontvangt de bal enkele minuten later halverwege zijn eigen helft, ziet Bram lopen op rechts en geeft een gevoelvolle pass. Kempes, de waakhond van de Argentijnen, ziet het gevaar aan-komen en springt met al zijn kracht om de bal te onderscheppen. Woest koppend bereikt hij twintig meter verder de attente Batista. Deze controleert de bal en zet aan voor zijn finale actie. Links en rechts laat hij Oranjehemden snakken naar adem en stormt de zes-tien binnen. Van Zinnigen komt brullend uit zijn goal, maar Batista blijft koel en schuift de bal gevoelvol in de hoek: 2-1 voor Argentinië! Oranje laat de kopjes even hangen en Batista's vreugde is van een orkaangehalte. Blauw-witte shirts vallen elkaar op de tribune huilend in de armen en het Oranjelegioen is enkele minuten muisstil.

Oranje zet hierna nog enkele minuten aan, maar de overtuiging ontbreekt. Argentinië speelt de wedstrijd soeverein uit. De Argentijnen zijn opnieuw wereldkampioen! Met Hernan Batista als de koning van Spanje 2020.

Alle Oranjespelers gaan bij het horen van het laatste fluitsignaal als getroffen soldaten tegen de vlakte. Tranen, leegte en pijn. Zo dichtbij, zo ver gekomen en dan net niet. Wéér net niet. Vijf weken van huis, met maar één doel: wereldkampioen worden. Zo dichtbij en nu onvoorstelbaar ver weg. Eén kans. Gemist. Veel harder kan het bestaan van een professionele sporter niet zijn.

Zwaar teleurgesteld, maar met opgeheven hoofd, lopen Bram en de zijnen een ereronde. Halverwege loopt Hernan Batista uit de

Argentijnse ereronde, gaat naar de Oranjemannen en tikt Bram op de schouder. Huilend van vreugde en verdriet vallen de twee uitblinkers van de finale elkaar in de armen. Een gesprek is onmogelijk. Dan brengt de Argentijn zijn mond vlakbij zijn oor: *"Muy gracias, amigo, thank you, you saved my wife's life, I was so afraid."*

En Bram? Zijn sporthart is leeg en verdrietig. Maar hij voelt maar al te goed dat het hele toernooi nog veel dramatischer had kunnen uitpakken. Sport en werk zijn belangrijk maar vallen in het niet bij zijn grote liefde. Hij draait zich om naar de eretribune. Simone zwaait meteen terug.

Van Strie neemt snel een slok water. Daar heeft hij zijn stem weer terug:

"Hier ziet u het beeld van verlies, dames en heren. Verlies met een hoofdletter. Het tekent de gezichten van onze helden Tino Tuhuteru en Bram Breedveld. Weer haalt Nederland de hoogste trede op het podium niet. Weer is Argentinië sterker, weer piesen we net naast de pot. Mensen, het is ongelooflijk, maar we moeten het accepteren. Een hard gelag, iets anders kan ik er niet van maken. Het is een hard gelag. Ik denk dat de gebroeders Van de Kerkhof in de studio weer iets voelen van de pijn van 1974 en 1978.

Maar laat ik vooropstellen dat dit Nederlands elftal met de borst vooruit het kampioenschap kan verlaten. Wat een teamspirit en wat een nieuwe helden zijn hier opgestaan! Sam van Zinnigen, Matthijs van Meeuwen, Lennard Luijendijk, Simon Soudijn, Tino Tuhuteru, Kees Keijzer en natuurlijk Brammetje Breedveld en al die anderen. Kanjers waren het. Nederland is trots op dit Oranje! En daar wilde ik het maar bij laten. Het wordt mij even te veel, dames en heren, jongens en meisjes."

Heitinga nam de complimenten van zijn Argentijnse collega in ontvangst. Voorbij. Over. Gebroken, maar trots. Trots op zichzelf, trots op zijn staf, maar bovenal trots op zijn spelers. Hij beurde zijn staf op, stuurde de reservespelers naar de spelers op het veld, klopte op schouders, tikte op billen, omarmde enkele spelers, waaronder Tuhuteru en Breedveld, en liep arm in arm met manager Van

Hintum naar het Oranjelegioen. Had hij ooit geleerd van Danny Blind, zijn vroegere trainer. Je mag trots zijn op jezelf als speler, de contracten zijn mooi en het geld is goed, maar zonder publiek stelt het allemaal niets voor. Heitinga zwaaide en maakte een diepe buiging voor de overvolle tribunes. Een staande ovatie volgde. "Oranje bedankt, Oranje bedankt!" en "Hi, ha, Heitinga, *say* hi, ha Heitinga!"

49

De avond na de finale bood de FIFA een groot banket aan. Behalve de wereldkampioen en de runner-up waren ook de beide halve finalisten Italië en Spanje aangeschoven. Die ochtend had de FIFA een officiële verklaring uit laten gaan over de ontvoeringen en bedreigingen tijdens en rond het WK. Het bestuur stelde daarin dat het onderzoek van de politie nog in volle gang was, maar dat met grote zekerheid kon worden aangenomen dat er 'een splintergroepering van de ETA' achter de acties had gezeten.

Bram kon er niet langer mee zitten. Het WK zat erop, de spanning was nog niet helemaal uit zijn lijf, maar met Simone aan zijn arm voelde hij zich de koning te rijk. De ontberingen van de afgelopen dagen waren haar niet aan te zien. In een hagelnieuwe avondjurk zag ze er stralend uit. Buiten verdrongen de cameraploegen en fotografen zich om een glimp van de WK-ster en zijn vrouw op te vangen. Het was voor Bram een geschikt moment geweest om een periode van radiostilte aan te kondigen. Hij had de pers om begrip gevraagd en zelfs Kenneth Perez had beleefd zijn microfoon opgeborgen.

Bij een galadiner hoorden toespraken en felicitaties. Ook de uitverkiezingen stonden op het programma. Zo werd doelman Tarantino van Argentinië uitgeroepen tot Keeper van het Toernooi, met als goede tweede de Oranjegoalie Sam van Zinnigen. Topscorer van het toernooi was de Spaanse spits Santilliana. Geen verrassing, hij schoot er dit jaar ook al 32 in bij Barcelona.

Het nagerecht werd geserveerd en aan de tafel van Oranje werd druk gespeculeerd over de vraag wie tot 'Beste Speler van het Toernooi' zou worden uitverkoren. Bram gaf Hernan Batista de beste kansen. En anders zouden ze de prijs vast aan een Spanjaard geven. Maar wat kon het hem eigenlijk nog schelen? Hij keek naar Simone, die tegenover hem zat, in een geanimeerd gesprek gewikkeld met Bergkamp. Natuurlijk ging het niet over voetbal, maar over het verschil tussen Spaanse en Chileense wijnen. Volleerd liet de vroegere vedette de volle Rioja door zijn glas dansen. Simone liet hem begaan en knipoogde naar Bram. Wat een vrouw, zoals ze daar rustig met Bergkamp zat te kletsen, alsof er niets gebeurd was de afgelopen dagen. Nee, nooit zou hij haar laten gaan. Een fantastische moeder voor zijn kinderen, een vrouw om stokoud mee te worden.

"... *and the winner is:* Bram Breedveld *from the Netherlands!!*"
Het was de gebronsde stem van FIFA-voorzitter Paolo Maldini die door de luidsprekers schalde. Bram werd hard aangestoten door Tino en Simon.

Bergkamp omhelsde Simone, sprong op en riep: "Brammie, naar voren, mafkees, je hebt gewonnen!"

Ongelovig staarde Bram zijn ploeggenoten aan. Hij uitgeroepen tot Beste Speler van het Toernooi? Dat kon er ook nog wel bij. Waren ze al die gemiste kansen soms vergeten? Had er ooit een speler tijdens een WK een penalty zo hoog de tribunes in gejaagd?

Bram haalde diep adem en liep naar het podium, waar hij de Gouden Bal in ontvangst nam van Marco van Basten. Wie had dat gedacht: kreeg hij zomaar een omhelzing van zijn vroegere idool. Een moment later kreeg hij de microfoon in zijn handen gedrukt. Wat moest een voetballer zeggen die als teamspeler net naast het goud had gegrepen, maar werd uitgeroepen tot beste individuele speler? Wat moest een mens zeggen na zo'n heftige tijd, waarin zijn leven op het spel had gestaan en dat van zijn vriendin en zijn trainer?

"*Dear ladies and gentlemen. I'm very surprised, but nevertheless very pleased to win this title. To be honest if someone would have told me this four weeks ago I would have send him to the psychiatrist. Actually, if someone would have told me one and a half year ago that I would act at this World Championships, I would have send him to the same psychiatrist! Things go fast in the World of*

Football, but this tournament was a real roller coaster. Luckily, I survived and my lovely girlfriend Simone did too. Most luckily my dear coach Been stayed also unharmed during this tragedy as well. My thoughts are with him, at this very moment. Soccer is a team play and first of all this price is a team price, so I will thank all my colleagues. Guys, we did it! I think we and the staff of the Dutch team made an extraordinary effort with our team. I have never played in a team with such a team spirit, inside and outside the pitch. Therefore I want to dedicate this trophy to the team, I think we have earned it!" Een daverend applaus was zijn deel. Maar Bram was nog niet helemaal klaar.

"Of course I would have given this trophy to my friend Hernan Batista at this very moment, for the two beautiful goals he scored today, but this is all about sports. I think Argentina today was the best team, so they deserved to win this tournament.

I want to thank the organisation of Spain, the FIFA and the members of the hotel De la Playa for this excellent tournament. Further more I would like to thank and give them a big applause, the staff of the Dutch team: Johnny Heitinga, Jan Wouters, Jaap Stam, in my opinion the man who deserved this price in 1998: Dennis Bergkamp, Patrick Lodewijks, Arjen de Zeeuw, Marc van Hintum, Wesley Sneyder en the medical staff. A special thanks from me goes to, and he knows why, my favourite uncle: Pim de la Crosse!

Further I would like to thank by dearest friend Tino Tuhuteru. He survived sharing a room with me this tournament and showed his friendship under very difficult circumstances. And last but not least, Simone..."

Hier stokte Brams woordenstroom even.

"Dear Simone, you survived a nightmare, but luckily you are unharmed. I'm so lucky to have met you in the park in Utrecht, back then! Dear Simone, nothing in the world can keep us apart anymore." Simone snelde naar het podium. Bram liep haar tegemoet. Huilend vielen ze elkaar in de armen. Omringd door honderden mensen en talloze camera's beleefden ze daar, geflankeerd door Paolo Maldini en Marco van Basten, één van hun intiemste momenten.

.

50

President Angelo Berluscito zat in de VIP-room. Hoe lang zouden die Chinezen hem hier laten wachten? Wilden ze hem na de vliegreis extra uitputten, maakte dat al deel uit van hun onderhandelingstactiek? Natuurlijk was hij onmiddellijk naar China gevlogen. Dat was wel het minste wat hij kon doen. Misschien viel de schade nog te repareren. Akkoord, hij was tekortgeschoten, mea culpa. Het was niet gelukt in Spanje, maar daar viel toch over te praten? Over vier jaar was er weer een WK. De contracten konden alle partijen zo tekenen. De Amerikanen waren al om, die konden wel vier jaar wachten. In 2024 konden ze in één klap ook de Indiase en Afrikaanse markt veroveren. Maar wat deden de Chinezen? Zouden ze vasthouden aan productie in eigen land? Dan konden ze de boel op Sardinië beter meteen sluiten.

Aan Paolo zou het niet liggen. Zijn schoonzoon zat in de bloei van zijn leven: die bleef nog minstens twee WK's aan als hoogste FIFA-baas. De kans dat de kwestie na de finale op straat kwam te liggen, viel te verwaarlozen. Daar had hij alle vertrouwen in. En ook Spanje had er geen enkel belang bij om de zaak aan de grote klok te hangen.

Berluscito verging van de dorst. Hadden ze hier niet ergens een knap flesje witte wijn? Zenuwachtig voelde hij onder zijn stoel. Gelukkig, zijn uitklapbare plasmascherm zat nog in de handbagage. Daar nam hij nooit enig risico mee. Waar ook ter wereld, hij moest wel in alle rust voetbal kunnen zien. Zeker de WK-finale. Die Breedveld had verdomme gewoon in de basis gestaan. Moest hij geen bod uitbrengen op die jongen? Laten voetballen bij Milan en meteen de exclusieve rechten op zijn WK-verhaal binnenhalen. Daar zat natuurlijk een tv-serie in. Die konden ze wereldwijd uitbrengen, van Senegal tot Paraguay. Altijd van de nood een deugd maken, zoals de oude Silvio het hem had geleerd.

Epiloog

De zon zou snel ondergaan en dat was een spectaculair gezicht tegen het decor van de Tafelberg. "*Come on lads, give me more of this! I still see a few guys smiling, give me all you got!*"
Mario Been pufte en veegde zijn voorhoofd af met een zakdoek. Het kon hier verduiveld warm zijn in de zomer. Maar Zuid-Afrika had hem altijd getrokken en de voetbalbond had hem een fantastisch bod gedaan. Bondscoördinator van de jeugdelftallen. Nee, trainer Been had er geen minuut spijt van gehad dat hij Europa direct na het WK had verlaten. Weg van die drukte, weg van die spanning, weg van die angst.
"*Come on lads!*"
Been keek nog eens met een schuin oog naar de Tafelberg en het spel van het verduisterende daglicht. Hij wreef zichzelf in de handen. Niet van de kou, maar van het genot om het spelletje van deze enthousiaste gasten en het leven dat hem eindelijk weer eens toelachte.

Uitslagen Wereldkampioenschap Voetbal Spanje 2020	
Poule-indeling	
Poule A	
Nederland – Paraguay 4-1	
Nederland – Senegal 2-2	
Nederland – Brazilië 1-1	
Brazilië – Senegal 1-1	
Brazilië – Paraguay 1-2	
Senegal – Paraguay 3-1	
Eindstand	
Nederland	3-5 (7-4)
Senegal	3-5 (6-4)
Paraguay	3-3 (4-8)
Brazilië	3-2 (3-4)
Poule B	
Frankrijk – Peru 2-2	
Frankrijk – Australië 2-1	
Frankrijk – USA 1-0	
Peru – Australie 2-1	
Peru – USA 2-2	
USA – Australie 3-3	
Eindstand	
Frankrijk	3-7 (5-3)
Peru	3-5 (6-5)
U.S.A	3-2 (5-6)
Australië	3-1 (5-7)

Poule C	
Ghana – Chili 2-0	
Ghana – Zuid-Afrika 1-0	
Ghana – Portugal 1-1	
Portugal- Chili 2-1	
Portugal – Zuid-Afrika 1-1	
Zuid-Afrika – Chili 2-0	
Eindstand	
Ghana	3-7 (4-1)
Portugal	3-5 (4-3)
Zuid-Afrika	3-4 (3-2)
Chili	3-0 (6-1)
Poule D	
Spanje – Duitsland 1-1	
Nigeria – Korea 1-1	
Duitsland – Korea 1-1	
Spanje – Nigeria 3-2	
Spanje – Korea 4-1	
Duitsland – Nigeria 3-0	
Eindstand	
Spanje	3-7 (8-4)
Duitsland	3-5 (5-2)
Korea	3-2 (3-6)
Nigeria	3-1 (3-7)

Poule E	
Argentinië – Joegoslavië 2-2	
Argentinië – Canada 4-1	
Argentinië – Tunesië 1-0	
Joegoslavië – Canada 2-1	
Joegoslavië – Tunesië 1-1	
Canada – Tunesië 2-2	
Eindstand	
Argentinië	3-7 (7-3)
Joegoslavië	3-5 (5-4)
Tunesië	3-2 (3-4)
Canada	3-1 (4-8)
Poule F	
Roemenië – Ivoorkust 1-3	
Roemenië– Mexico 2-1	
Roemenië – Egypte 1-0	
Ivoorkust – Mexico 4-0	
Ivoorkust – Egypte 5-0	
Mexico – Egypte 1-0	
Eindstand	
Ivoorkust	3-9 (12-1)
Roemenië	3-6 (4-4)
Mexico	3-3 (2-6)
Egypte	3-0 (0-7)

Poule G	
Italië – Japan 2-2	
Italië – Verenigde Emiraten 0-0	
Italië – Kameroen 1-1	
Japan – Verenigde Emiraten 1-0	
Japan – Kameroen 1-1	
Kameroen – Verenigde Emiraten 0-0	
Eindstand	
Japan	3-5 (4-3)
Italië	3-3 (3-3)
Kameroen	3-3 (2-2)
Verenigde Emiraten	3-2 (0-1)
Poule H	
China – Marokko 3-3	
China – Israël 4-0	
China – Engeland 4-3	
Marokko – Engeland 2-2	
Marokko – Israël 3-1	
Engeland – Israël 2-0	
Eindstand	
China	3-7 (11-6)
Marokko	3-5 (8-6)
Engeland	3-4 (7-6)
Israel	3-0 (1-9)

Achtste finales	
Nederland – Peru 1-0	
Ghana – Duitsland 4-0	
Spanje – Portugal 2-0	
Frankrijk – Senegal 1-0	
Argentinië – Roemenië 4-2	
Ivoorkust – Joegoslavië 3-0	
Italië – Marokko 1-0	
China – Japan 4-3	
Kwartfinales	
Nederland – Ghana 2-1	
Spanje – Frankrijk; 2-1	
Argentinië – Ivoorkust 2-2; Argentinië wint na shoot-outs	
Italië – China 1-0	
Halve finales	
Argentinië – Italië 2-1	
Spanje – Nederland 2-3 na verlenging	
Finale	
Nederland – Argentinië 1-2	

Eerste druk: mei 2006

Omslagontwerp: Peter Asselbergs / Vechtlust, Weesp
Omslagillustratie: Kees van Koppenhagen
Foto auteur: Lidwien Suur
Vormgeving: Peter Asselbergs / Vechtlust, Weesp
Eindredactie: Diederik Samwel / Gerard Keijsers, Janssen Keijsers & Samwel, Amsterdam
Druk: Wöhrmann Print Service, Zutphen
Uitgever/distributie: Klapwijk & Keijsers Uitgevers, Amsterdam

Met dank aan: Arnaud Kooij, Ingrid van Koppenhagen en Balder Schreuder

ISBN: 90-806773-0-2
ISBN 13: 978-90-806773-0-2